川崎怪談

黒 史郎

竹書房
怪談
文庫

まえがき

『川崎怪談』を書くと決まった時、「こういう本にしたい」という目標はすぐに生まれた。

裏のガイドブックのような本だ。

私は生まれも育ちも横浜の人間だが、川崎は歩いて行けるお隣さんで、子どもの頃は毎日のように遊びに行っていた。今でも付き合いは変わらず、買い物をするのも映画を見るのも家族サービスをするのも、すべてこの町だ。もう四十年以上、良きお隣さんなのである。

だが、こんなに付き合いが長いのに。

私は「表の川崎」しか知らない。

眩い華やかな部分ばかり見ていると、そろそろ見たくなるのだ。

昏《くら》く、奇《あや》しい、裏の川崎を。


土地にしみ込む因縁、失われた禁忌《きんき》、奇妙な習俗、怪奇な伝承。

とりわけ、知られていない古い記録を見つけて、本書に集めた。

これまで出した実話怪談本とはまた違った味のある、特別な一冊になったと思っている。

また、この『川崎怪談』は私にとって別の意味でも特別な本になった。

大変光栄なことに、平山夢明氏から極上の川崎怪談が本書に届けられたのだ。

私が「川崎」と聞いて、すぐに浮かぶ人物は平山氏だ。氏からよく、「いったいどこでそんな体験をできるんですか……」と呆然とするような話を聞かせていただいたものだが、舞台はだいたい川崎だったのだ。自分の知らなかった川崎の裏の顔を知ったのは、この時が初めてだったのではないだろうか。

「とんかつ豚次」「オールナイト」「猫もんじゃ」——平山氏のこの川崎怪談を読んで、どうか打ちのめされてほしい。

そして、本書を読んで川崎という町に少しでも興味を持ってもらえたなら嬉しい。

目次

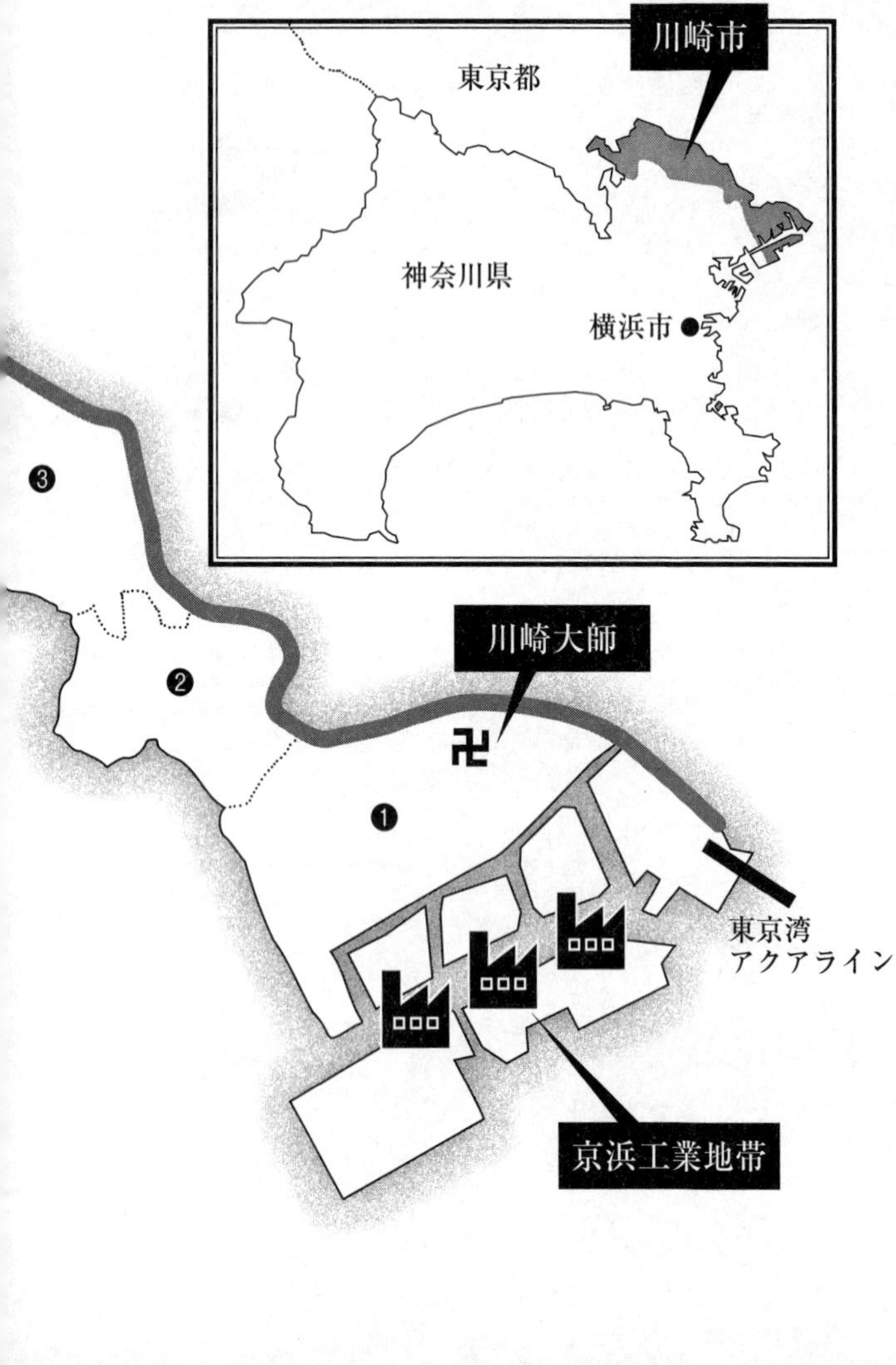

川崎市
東京都
神奈川県
横浜市
❸
❷
川崎大師
❶
東京湾
アクアライン
京浜工業地帯

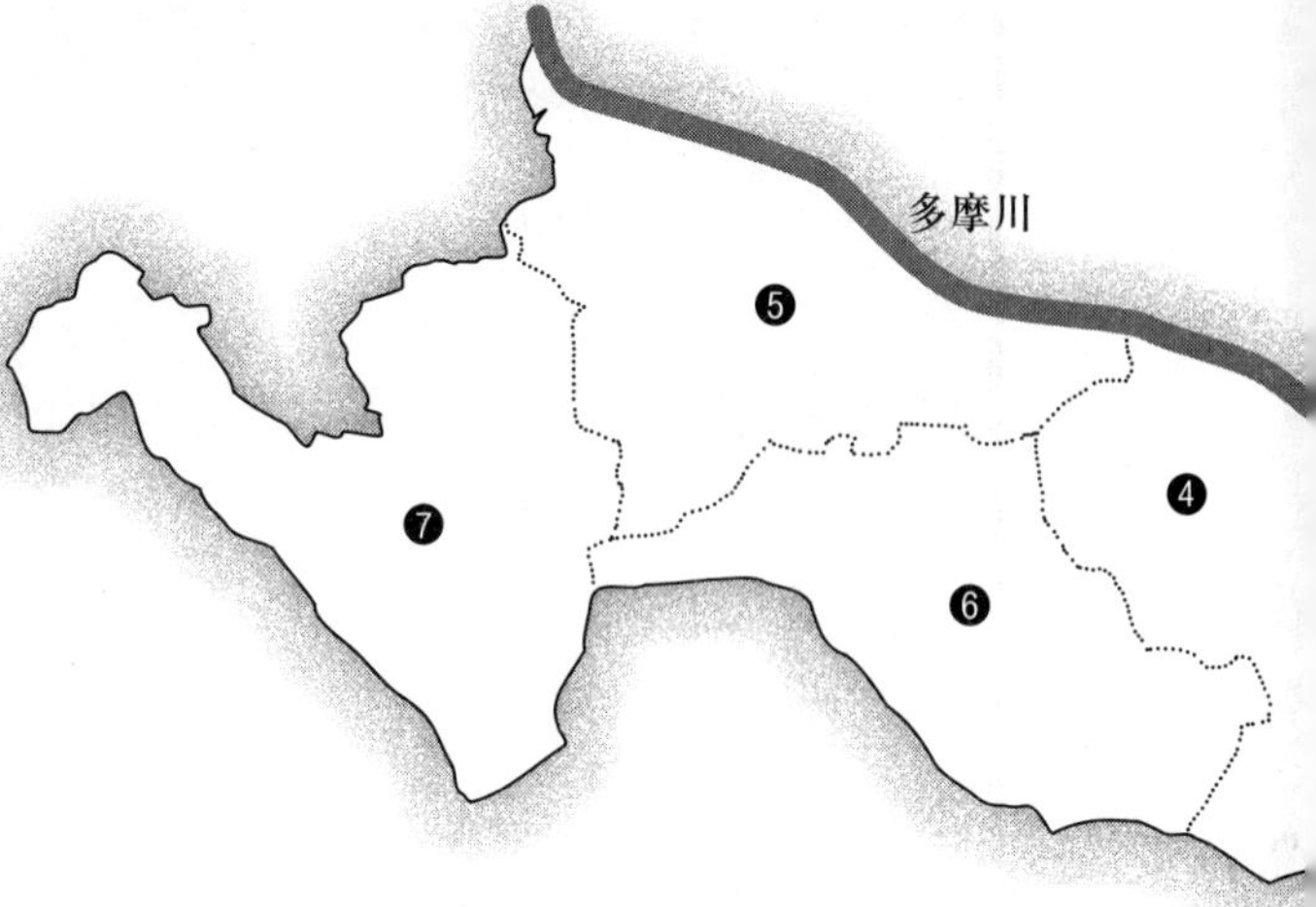

❶川崎区
京浜工業地帯を心臓とする鋼鉄都市。かつては一攫千金を夢見た若者が全国から雪崩を打って集まり、そのままの熱量と混沌の残滓が今も色濃く残る。また川崎市唯一の公営ギャンブル場（競輪・競馬）がそろい踏み、風俗街も美波町・堀之内とかまびすしい。

❷幸区
河原町団地ができたことによって注目度が増したが、川崎区の荒々しさの避難所的な住宅地。近年ではラゾーナ川崎プラザの出現により、いっそう存在感&スノッブさを増す。大規模工場の市外移転と新たなハイテク産業の立地が進む。

❸中原区
川崎市のほぼ中央に位置し、坂の少ない平坦地で生活しやすい。東横線が貫いている武蔵小杉駅があり、南部のイメージとはだいぶかけ離れている。有名作家、著名人も多く住む街。サッカーJ1川崎フロンターレの本拠・等々力陸上競技場がある

❹高津区
東京都と隣接し、都心に通う人が多く生活するベッドタウン。東西、南北と鉄道路線が走り移動しやすい。多摩川や緑ヶ丘霊園などの自然スポットも豊富。

❺多摩区
細長い川崎市の最北端に位置し、北は多摩川を境に東京都と接する。かつての上布田村、下布田村などは多摩川の氾濫によって分断され、現在川の両側に地名を残す。生田緑地は有名な心霊スポットとか。

❻宮前区
多摩田園都市として計画的な都市開発が行われた川崎市のベッドタウン。多摩丘陵上に位置しているため、全体的に起伏に富んだ地形で坂が多い。自然豊かで緑が多い環境。

❼麻生区
川崎市北西部の多摩丘陵の一角に位置し、区北部の黒川地区には昔ながらの里山が残る。川崎市の北部副都心として、1982年に多摩区と分離してできた新しい区。

川崎区

水底から

いすゞ自動車川崎工場は二〇〇四年に工場を閉鎖、製造拠点を神奈川県藤沢《ふじさわ》市と栃木県に移設した。

私はそうなる三年前から同工場で働いていた。社員ではなく派遣のバイトだったが、慣れると楽な仕事で居心地もよかったため、移設後も契約を更新し、横浜市鶴見《つるみ》から藤沢までの遠距離を毎日通っていた。

遠くなっても仕事が変わらないならいいやと私は呑気なものだったが、社内は大変だった。移設の際、大幅なリストラが行われることになり、それに不満を持った社員たちが抗議。ペルーや韓国などの外国人労働者たちによる反対運動も起きていた。

藤沢工場には行かず、これを機に希望退職する社員も多かったという。

私の所属していたエンジン搭載工程班の班長のKさんも、そのひとりだった。

沖縄出身で、性格は温厚でおおらか、何を喋ってもいちいち面白い人だった。分厚い唇につぶらな瞳、ずんぐりむっくりとした体形で、そのキャラが社員たちからはマスコット的に愛されていた。だからKさんが会社を辞めて沖縄へ帰ると聞いた時は、みんなショックを受けていた。私もずいぶん世話になったので寂しかった。

藤沢への移設が発表されて、ひと月ほど経った頃だろうか。

出勤した私が休憩所へ入ると、Kさんがうかない顔をしていた。

いつもは朝からテンションが高く、元気のない社員の尻を叩いてジョークで笑わせてくれるような人だ。こんな表情を見るのは初めてだった。

やはり、今回のことではかなり悩んでいたんだろうと気をまわして言葉をかけると、元気がないのはまったく違う理由だった。

「なんかさー、おいらのケータイにいたずら電話がかかってくるんだよ」

「えぇー？　いつからです？」

「一週間ぐらい前からだね」

それからほぼ毎日かかってきており、多い時は日に二、三度あるという。仕事が終わって、着替えて帰ろうかというタイミングが多いそうだ。

「それ、やばくないですか?」

「ヤバいよ。バカとか、シネとかならいいんだよ。いや、よくないけどさ。でもそれなら、わかりやすい悪戯《いたずら》じゃん。かかってくるのはさ、なんか、気持ちの悪い電話なんだよな。水の中で、なにかを叩いてるみたいな、嫌な音がずっと聞こえるんだよ」

「水の中……なにを叩く音です?」

「さあ。でもそういう風に聞こえるの。それだけでも気味が悪いのにさ」

しばらくすると、女の声が聞こえてくる。

だが、なにを言っているのかは声が遠くて聞き取れない。

「はじめはさ、ポケットとかカバンの中で、ケータイになにかぶつかって適当な番号が押されちゃうことってあるでしょ。そういうのかと思ったの。だから相手に気づかせなきゃと思ってね、『おーい、おーい』って、けっこうな大声で呼びかけてたんだよ。でも全然気づかないから通話を切っちゃった。でもね」

翌日も、同じ電話がかかってきたのだという。

これは故意にかけているのだと判断したKさんは、大声で怒鳴《どな》ったりして怒りを見せたら相手の思うつぼだと考え、あえてフレンドリーに話しかけてみたのだという。だが、それにもまったく反応はなし。

　さすがのKさんも少しイラッときたらしく、次にかかってきた時は切らずにそのままテーブルに電話を置いて待ってみた。通話料は向こう持ちだ。そのうち飽きたら切るだろうと一分、二分と放っておいて、そっと耳を近づけると、まだ奇妙な音と女の人の声が聞こえている。そっちがその気なら本当に放っておいてやろうと、通話を繋いだままトイレに行ったりテレビを見たりし、十分ほど経った頃合いで様子を窺うと、まだ聞こえている。

　さすがに、ぞっとしたという。

　ただの悪戯ではない。悪意のある本気の嫌がらせだ。

　そんな話を聞いて、私は意外に思った。悪戯電話の相手にもコミュニケーションを取ろうとするような人だ。Kさんは人から恨みを買うようなタイプではないのだ。Kさん自身も心当たりはまったくないという。

「恨みごとを言われるんならまだマシだよ。通話料だけかかって、相手になんの得もないのに、そこまでしておいらに嫌がらせする目的がまるでわからないから、気持ちが悪いんだよ」

それから数日後。

社員たちに飲みに誘われた私は、着替えて工場敷地内のバス停で待っていた。するとそこにKさんもきた。飲み会に参加するらしい。

例の電話は今日もかかってきたんですかと訊いたら、Kさんの携帯電話が鳴った。

着信の表示を見たKさんはニヤリとすると私を見た。例の電話がかかってきたのだ。

おもむろに通話ボタンを押したKさんは自分は出ず、ニヤリとしたまま私に携帯電話をさしだした。大丈夫なのか。ここで出たことが切っ掛けとなって、私にまで悪戯電話がかかってくるようになりはしないかと躊躇《ちゅうちょ》したが、好奇心には勝てない。

そっと、携帯電話を耳に当てる。

ごおおおおん

ごおおおおん

受話口から、重たい音が聞こえてくる。

確かに、水の中で何かを叩いているように聞こえる。音が水の中で鈍く響いているのだ。

よく聞くと、こぽこぽと泡の粒が水面へと昇っていくような音もする。

しばらく聞いていると、「ごおおおおん」という音の後ろで、女の人の声が聞こえだした。声は遠いだけでなく早口なので聞き取りづらい。それでも日本語ではあるので、なにを言っているかは少しくらいわかりそうなものだが、まるで異国の言葉でも聞いているようでまったく理解ができない。ただ、たまに「〜です」「〜ました」といった敬語が雑《ま》じっているのはわかるのだ。

「混線かなあ」といって通話を切るKさん。

女の人の声に心当たりはないのかと訊くと「水の中から電話かけてくるような人に知り合いなんていないよ」と苦笑いで答えた。

「川崎《こっち》に来てから、こういう変なことばっかりあるんだよな」

「それって幽霊とかですか？」

「そういうのかはわかんないけど、ちょっと前から、なんか変なんだよ。今住んでるマンションのエレベーターなんだけどさ、仕事から帰ったり、コンビニ行って戻ったりして、おいらが乗り込むとね、そのたびになにかが一緒に乗ってきてる感じがするんだよ。おいらが入ってすぐ、後ろからスッて前の方に何かが回り込んでくる感じがあるの。見えたりはしない、でも確実になんかいるってのがわかるんだよね。他ではないんだよ、そういうこと。そのマンションのエレベーターだけ。沖縄にいる頃はそんなことなかったのにさ、川崎に住んで霊感でもついちゃったかな」

笑いながら冗談っぽく言っていたが、その笑いにも影が差していた。

ステーション前

再開発により目覚ましい発展を続けている政令指定都市――川崎市。

とくに駅周辺はここ数十年で大きく変化した。潔癖なほどに整備され、かつての悪い治安イメージも完全に払拭したといっていい。路地裏の暗闇は取り除かれ、夜は煌々《こうこう》と輝くビル群に見降ろされながら人々の往来が絶えない。

そんな川崎駅前にも、暗くて静かな夜の降りる時代もあった。

鬱々《うつうつ》とした陰気な夜には当然、怪談も生まれる。

『川崎誌考』によると、川崎駅は明治五年六月五日に神奈川駅と同時に開業している。その四年後の明治九年。六月十四日に発行された新聞にこんな噂が記事になっていた。

東海道川崎宿《しゅく》の《ステーション前》には、よしず張りの店がちらほらとあった。よしずとは露店などで日除けに立てかけられている葦《あし》の茎《くき》を編んで作った簾《すだれ》である。

そこにある一軒の掛け茶屋の前に、夜ごと幽霊が出ると評判になった。

その幽霊は同じ川崎宿にある煙草屋の亭主であるという。

掛け茶屋に働く女性は以前、この煙草屋の女房だったそうだ。

「先ごろ騒ぎのあった煙草屋」

記事にはそうあるので、二人がまだ夫婦であった頃、何か世間を騒がすようなトラブルでも起こしていたのか。それが別れる原因であったかどうかは知れないが、死んだ身でも未練がましく前妻の元へと夜な夜なやってくる姿は、川崎宿を往来する人たちにたびたび目撃されていたらしい。

この幽霊目撃について「恥知らずで馬鹿々々しい」と記事では大いに否定的であった。

川崎区

消えた二人

昭和四十二年は「ハプニング」という流行語の生まれた年である。これはまさに、思いがけない事件――ハプニングであった。

事の始まりは、同年二月の川崎競馬場での出会いだった。

Aさんはここで〝吉田〟と名乗る二十四、五歳の男と知り合いになる。

吉田はある時、Aさんにこのように誘いかけてきた。

「車で箱根まで行けば、おまえに大金を儲けさせてやる」

その三日後の十日、夜九時ごろ。東京都大田区の蒲田《かまた》駅付近にあるキャバレー前で待ち合わせし、Aさんの運転するプリンスで二人は箱根へ向かった。

移動中、後部座席の吉田が背広のポケットから百万近い札束を出して数えているのを、Aさんはバックミラー越しに見ていたという。

箱根の芦之湯《あしのゆ》温泉付近の国道で吉田は一旦停まるように指示し、これからもう一人の連れに会うことになっているといってAさんを車中に待たせた。しかし、待てど暮らせど連れとやらは現れない。そうして二時間半も待たされたAさんはしびれを切らし、苛立《いらだ》ちまぎれにクラクションを鳴らした。

そのことが切っかけで、吉田と喧嘩になった。

怒鳴りあいでは収まらず、ついに吉田は短刀のようなものでAさんを後ろから殴打し、車を奪って逃走。そこを運輸会社のトラックが通りかかり、血まみれの状態で倒れているAさんを発見し、トラックに乗せた後、警察に通報した。

箱根駐在所から連絡を受けた小田原警察署は各所に武装警官を配備し、午前三時半、箱根新道付近で灰色のプリンスを発見。被害者が奪われた車であることを確認した。

逃走車はヘッドライトも点けずに時速八十キロで非常線を突破し、二キロ先の検問も突っ切り、パトカーが追跡した。その際、茶色っぽい背広にスポーツ刈りの犯人の後ろ姿を警察官らは確認している。

逃走車は減速することなく海岸に向かい、防波堤から海岸に下りられるようになっている舗装路をジャンプ台のように滑走し、しばらく波打ち際を走った後、海に突っ込んだ。

テールランプの赤い光を波間にちらつかせながら車は見る見る沈んでいった。

警官たちはこの時、車中からドアを叩く「ドーン、ドーン、ドーン」という音を聞いていたという。

プリンスは波打ち際から二十メートルほど離れた水深八メートルのところに沈み、明け方を待って引きあげられた。

ところが、車内はもぬけの殻だった。

犯人が消えていたのである。

ドアは四つとも、ぴったりと閉じられた状態だった。

水没していく車の中からドアを開けるのは困難である。水圧がかかってビクともしないはずで、警官たちの聞いた音も犯人が必死に出ようとする音だったのだろう。たとえ開けることができて車から脱したとしても、その後、わざわざドアを閉めていくのは不自然であり、なによりすぐそばの海岸には警官たちが待機していた。このような状況の中、犯人はどのようにして車の中から姿を消したのか。

運転席には犯人のものと思われる、刃渡り二十センチの抜身の短刀だけが残されていたという。

不可解な出来事は、これだけに留まらなかった。

元箱根の診療所で治療を受けたAさんは、頭に三カ所の怪我があり、全治二週間の診断を受けた。そこで警察の臨床尋問を受け、吉田との競馬場の出会いから事のあらましを語った後、医師が引きとめるのを振り切るように川崎市S町にある自宅へ帰ってしまったという。

そして、事件翌日の十一日。

「医者に行く」と妻に言って家を出たまま、Aさんは姿を消してしまう。

この事件は、犯人も被害者も忽然《こつぜん》と消えてしまったのである。

川崎から始まり、川崎で不穏に幕を下ろしたこの失踪事件は、あまりに不可解な点が多く週刊誌でも記事になっている。

「人の闇」の渦巻く川崎版・神隠しといっていいだろう。

降る家

明治三十三年、大師電気鉄道が川崎・大師間に開通した翌年のことである。
大師河原《だいしがわら》に住むHという銀行員の家で、奇妙なことが起きた。
時々、家の中に小石を投げ込まれることがあったのだ。
はじめは近所の子どもの悪戯だろうと思って放っておいたのだが……。

ある日の晩、Hは仕事で帰りが遅くなっていた。
この時、家には妻と子ども、Hの母親の三人がいたという。
妻が子どもを寝かせてから座敷で裁縫をしていると、すぐそばに何かが落ちてきた。
六センチ四方ほどの石である。
それは突然、天井のあたりから降ってきたのだ。
驚いていったい何事かと様子を窺《うかが》っていると、今度は家の中のあちこちで石が降りだした。所かまわず落ちてくる石は、子どもの枕元にまで降ってきた。

ようやく仕事を終えてHが帰ってくると家の様子がおかしい。

Hの母親は、先刻まで家の中で起きていた気味の悪い出来事を話した。

「そんなことがあるはずないだろう」

そう言ってHが笑った瞬間、彼のそばに十二、三個の石が落ちてきた。

これは近所の子どもの悪戯などではなかった。

どうすることもできず、とりあえず石には触れずにそのままにしておいた。


翌朝。朝食を食べようと汁物の入ったお椀を手に取った時だった。

目の前で汁が飛び散った。

天井から降ってきた石が椀の中に入ったのだ。

異常な事態だった。怪事である。

朝食もそこそこに荒れた食卓を片付けていると、折よく川崎分署（川崎警察署の前身）の巡査部長が通りかかるのが見えたので庭先から声をかけた。そしてここ数日、家の中で起こっている怪事について伝えると、巡査部長は二人の駐在巡査にH家の外の見張りを命じた。巡査部長はH家の邸宅内で様子を窺っていると、天井から石が降って来るのを眼前で目撃する。

巡査部長はこの件を持ち帰り、川崎分署に通知。すると今度は署長が巡査数名を連れてH家へとやってくるという事態になってしまった。

ここまで大事になれば怪事も収まるかと思いきや、それでもなお石が降ることは止まなかった。

石の降る原因はなにかと、警察は徹底的に家の中を調べた。天井裏、二階、その他の場所も調べたが、とくに変わった様子は見られない。外部から侵入された形跡もなかった。いよいよ不思議なので近所への聞き込みも開始する。すると、不審な動きのある人物が捜査上に浮かんできた。

H家の隣のI家で昨晩、トラブルが起きていたことがわかった。

鍛冶職の夫と妻が離縁していたのである。

家を出ていった妻は近所の知り合いの家に厄介になっていたが、やはり夫とよりを戻したいと考え直し、知人に頼んで仲裁をしてもらおうとした。ところが夫の離婚の決意は固く、首を縦に振らなかったのだ。

まさか拒まれるとは思っていなかったのか、残念やら悔しいやら、次第に暗い情念を燃やした妻は夫への嫌がらせを執拗に繰り返し、六度も家に火をつけようとした。

そんな情報を得た警察署長は、H家への投石も彼女の仕業に違いないと判断した。すぐにIの妻を警察署に連行。これでH家の怪事は収まるであろうと誰もが思っていたのだが、怪事は止まなかった。変わらず天井から家のあちこちに石が降ってきたのだ。

隣の夫婦のもめごとと怪事は、まったく関係がなかったのだ。

石の降り続ける家には住み続けることはできないと、H家はこの家を出て他所《よそ》へと移転した。その後しばらく、元H家の邸宅は近所の人たちに「化け物屋敷」と呼ばれていたという。

人間の情念が複雑に絡んでくるかと思いきや、まったく関係はなく淡々と怪異が起こり続けるというドライな怪談である。

八丁畷の人骨

川崎区池田にある京浜急行線八丁畷《はっちょうなわて》駅は大正四年に開業した。

東海道を川崎宿の出入口を抜けて横浜方面の市場町まで移動するのに、八丁（約八百七十メートル）の距離があったことが八丁畷の地名の由来であり、「畷」は「縄手」、まっすぐな道を指す。現在、地名はなく、駅にその名が残るだけである。

この八丁畷駅周辺は知る人ぞ知る心霊スポットであるらしい。

だが、調べてもソース不明の曖昧模糊《あいまいもこ》とした話しか出てこず、特筆すべき情報は見つからない。

たまに話題になっているのは駅前の踏切のようだ。ここは「魔の踏切」と呼ばれて昭和期には飛び込みの多さが知られており、いまでも人身事故の多い場所ではあるのだが、それがスポット化の下地になっているわけでもないようだ。

なぜ、駅周辺が怖い場所のように言われているのか。

おそらく、《無縁塚》があるからだろう。

駅を出ると「八丁畷の由来と人骨」と題された看板が見られる。

この地では道路工事の際にたびたび、大量の人骨が発見されている。人骨とともに板碑《いたび》も見つかっており、なんらかの形で弔《とむら》われた遺骨であることは間違いない。

大正十一年に施行された耕地整理の際には、水路を開墾して掘り下げた土の中から頭蓋骨の形状に凹《へこ》んだ土塊《つちくれ》と、下顎《したあご》部の歯が三本見つかっている。いずれも小児のものであった。

こういった八丁畷の人骨は幕末に横行した辻斬りによる被害者のものだというのがネット民の見解のようだが、川崎市が昭和五十二年に発行した資料では、その解釈は怪しいとしている。というか、その頃から辻斬り犠牲者説があったことに驚いた。

昭和九年、大量の人骨の慰霊のために《無縁塚》の供養塔が建てられた。

結局、見つかった人骨がどういう人たちなのかは今もわかっていないが、おそらく震災、大火、洪水、飢饉、疫病といった災害により亡くなった身元不明の犠牲者ではないかと言われている。

調べてみると、確かに災害によって多くの命が失われている。

八丁畷周辺は大正十三年以前まで小土呂町《こどろまち》と呼ばれていた。この地は元文五年（一七四〇年）には大火で多数の民家が焼け、その二年後の寛保二年（一七四二年）には多摩川洪水、宝暦十一年（一七六一年）には同町から出火して川崎宿の大火を起こしており、街道筋の民家も残らず焼失している。

旧東海道には松、杉、榎が植えられ、「八町縄手並木《なみき》」と呼ばれていた。

その並木の下に身元不明の遺体を埋葬したのではないかと言われており、《無縁塚》付近の「下並木」の地名もこの並木の名残であることがわかる。

それほど埋められていたのなら。

その場所に怪しい噂のひとつやふたつは生まれても不思議はない。


今になって気になることがある。

私は八丁畷駅からほど近い場所にあった会社で、数年間勤めていたことがある。

仕事が終わると旧東海道沿いの下並木に何軒かある飲食店によく通っていたのだが、ある一カ所だけ長く続かない場所があったのだ。珍しいメニューのある飲食店や遊戯場など、いかにも注目を集めそうな店舗ができていたのだが、なぜか気がつくとなくなっている。一年ももたなかった店も何軒もあった。

立地は悪くないし居抜きなのですぐ他の店が入るのだが、その一区画だけはどんなに良店が開いても長くはもたないのだ。開店直後は活況を呈していた店が撤退理由もわからず、ある日忽然と消えているので、暴力団の嫌がらせでもあったのかと本気で疑ったほどだ。

昔、その場所の数軒隣で飲み屋をやっていたという女性はこう言っている。

「あそこは昔からそう。あの一軒だけは土地が悪いのよ。土地の呪いよね。他はいいのにね。居抜きもいいけど、新しくやるんなら全部取り換えたほうがほんとはいいのよね。だって、潰れた理由もわからない店の使ってた物が、そのまま残っているんでしょ。それを使ってまた商売しようだなんて、なんだか不吉じゃない？」

――残っているんでしょ。

その言葉が妙に耳に引っかかる。

この土地で見つかった遺骨は、その後すべて《無縁塚》で供養されているはずである。

しかも、二〇一六年には地元住民によって《無縁塚》は再整備されて美しくなっている。
無縁仏たちからは感謝されこそすれ、呪われる筋合いなどないのだ。
すべての無縁仏が見つかって供養されているのならば。
まだ、地面の下に残されていないのならば。

気になった私は、八丁畷周辺の古い工事記録がないかと探してみた。
目当てのものとはまったく違ったが、厭な記録を見つけてしまった。
八丁畷には、かつて《山伏塚《やまぶしづか》》と呼ばれていた塚があったらしい。
名前も意味深だが、由来は不明。おそらく山伏の遺体が埋葬された場所ではないか。
塚の上に樹木が生えるほど大きかったというので、小高い丘くらいはあったのだろう。
この塚は「手ヲ触レバ祟アリ」と言われていた。
明治維新前ごろまで地元住人たちにひどく恐れられていた場所だったようだ。
明治の頃、京浜電気鉄道で行われた工事の時だった。
作業員が《山伏塚》の一部分を切り崩したところ、崩した下から穴が現れた。

すると、その穴から奇妙な白い煙のようなものがもくもくと立ち昇った。

作業員らは総じて青褪《あおざ》める。触れるだけで祟る塚を「壊す」という最悪の冒涜行為を自分たちはしているのだ。ただでさえ何かが起きるかもしれないと臆していたところ、不吉な煙が現れたのである。

この煙は祟りが起こる兆しか、土中で眠っていた何かを起こしてしまったか。煙を見てからというもの作業員らは気に病《や》み、工事に著しい支障をきたした。

そしてまもなく。

煙を目にした作業員二名が病死した。

作業員たちが目撃したという地下からわいた白い煙は有毒ガスだったのか。

大正十二年、松の切り株を掘り抜くと謎の白い煙が昇り、その下に見つかった空洞から頭蓋骨が三つと大量の骨が発見されたという茅ケ崎《ちがさき》の例がある。

長い年月、地中で遺体とともにあった〝気〟は、瘴気《しょうき》となって祟りを起こす危険なものへと化してしまうのかもしれない。

そんな危険な《山伏塚》の付近に土地を借りて耕作している農夫がいた。

その人物の語るところによれば、同塚の付近から以前、「土でできた人の形をしたもの」が見つかったことがあったという。

地蔵様でも観音様でもない。何かはわからないが、発見者はこれを路傍に置いて祀ってみたのだそうだ。

すると、ひとりふたりと参拝者が来て、その数は日に日に増えていく。一時は線香の煙が絶えなかったほど「人の形をしたもの」を拝みに来る人がいたという。

「人の形をした」何かわからないものを、その人たちはなぜ拝みに来たのか。

そんなものに何を祈願していたのか。

塚の祟りとの関連は不明である。

この不気味な《山伏塚》は完全に消失している。「日本鋼管の旧引き込み線のあたり」「貝塚付近にある水田の中」というわかりづらい位置情報があるのみで、あった場所も不明とのことだった。

消えたから安心できるというわけではない。二人の人間を祟り殺した場所が、どこかわからないというのは不安ではないか。私たちは気づかず、それを踏みにじって歩いているかもしれないのだ。

八丁畷付近の旧東海道を歩いていた六十代女性が、大砲を打ったような音を聞いて驚いてその場にひざまずくと、鼻の上より左耳にかけてパックリ裂けていたという話もある。

この道の下には、まだまだ供養されていない無縁仏や瘴気を溜め込んだ墓穴が在《あ》り、今この瞬間も地上へと不吉な影響を及ぼしているのかもしれない。

地蔵前の怪

雨の晩だった。イトバシという家で葬式があり、手伝いに行った女性が傘をさして帰途についていた。

藤崎《ふじさき》のはずれにある地蔵尊の前に差しかかった時だ。

目の前に、火の玉が現れた。

火の玉はグルグルと回りだし、恐ろしくなった女性は逃げようとするが動けない。見ると自分のさしている傘を細い手が掴んでいる。

ぞっとしながら、これはキツネの仕業に違いないと思った。

女性は油揚げを持っていた。葬式のあった家で食膳に出されたものを、家で待っている子どもへの土産《みやげ》にと包んでもらったものだ。狙いはそれだろう。

とられてなるものかと傘をしっかり握り、なんとかこの場を立ち去ろうとした。

すると向こうの方で、ぼぉっと火の手が上がるのが見えた。

女性の家のある方角である。まさか火事でも起きたのかと取り乱していると、たまたまそこに家の近所に住んでいる知り合いが通りかかった。自分の家の方で火事が起きているのではないか、しどろもどろな口調でそう訊くと、そんな騒ぎは起きてはいないし、実に静かなものだという。

確かに、火事のような火はもう見えなくなっている。

あの細い手が持っていったのか、油揚げもなくなっていたそうだ。

大師河原の民俗調査資料に見られる川崎区藤崎の話である。

キツネに一杯食わされて食べ物を奪われる、昔からよくある化かし話だ。

ただ、この話には興味深い点がある。葬式があったという家の名がわざわざ明記されているのだ。「キツネに化かされた」だけの話なら必要のない情報だ。それはこの話が「よくある昔話」ではなく、誰かの体験に基づいた話だという証跡ではないのか。

また、キツネの仕業としながら、キツネそのものが登場しない。この手の話にはよくあることで、実際はキツネではないまったく別のなにかがやっているとも考えられるのだ。

なにより、「細い手」に掴まれたのが地蔵尊の前であったことが意味深である。

この地蔵尊を特定する必要がありそうだ。

藤崎内にあった地蔵尊の記録は、ひとつしか見つからなかった。

現在も藤崎三丁目にある《藤崎願掛け地蔵》だ。

願い事をして参拝すれば、その願いが叶うという有難い地蔵尊で、今も町内会の運営委員が毎月念仏を唱えて供養しているという。

なかなか大変な目に遭っている地蔵尊で、戦火により一度焼失し、しばらくそのまま放置されていたが戦後に復元されたものらしい。その後も経年による傷みで再建されたが、二〇一三年には何者かに首を切断されて持ち去られるという猟奇的な事件も起きている。

人々の願いを叶えてくれる地蔵尊、その謂《いわ》れを読むとそこには切実な祈りがあった。

天明《てんめい》の大飢饉《ききん》、それはこの世に顕現《けんげん》した地獄だった。

道端に餓死者が折り重なる酸鼻《さんび》を極める光景が、どの村にもあった。

飢饉による被害は川崎も甚大で、人口の八割が餓死して滅びかけた村もあった。

この地蔵尊は、そのような大飢饉や異常気象による災害が再びこの地に降りかからぬようにと願うとともに、飢饉で死んでいった者たちの霊を弔う目的で辻に建立されたものだったという。

地蔵の前で傘をつかんだ細い手。

それは骨と皮だけになった餓死者が、空腹のあまり伸ばしたものなのかもしれない。

出所不明の情報

現在タクシーの運転手をされているRさんは以前、かなり稼ぎのいい仕事に二十年ほど就いていたという。

「簡単にいうと工場の火の番ね。煉瓦を積んで作ったトロッコに、その工場で作った製品を入れて焼くんだけど、トンネルみたいに長い炉に入れて何日か焼くんだよ。その火の温度を調節したり、焼けたものを炉から引っ張り出したりする仕事で、俺は夜の時間の番をしてたの」

いちばんの仕事は炉から引っ張り出す作業で、それも一晩にトロッコ一、二台出すだけなので、あとは休憩所でテレビでも見て、たまに温度の確認をしにいけばいい。楽な割に給料がかなり良い、おいしい仕事だった。

ひとつの問題さえ気にしなければ。

「その工場、夜中になると、たまに変なやつが来るんだよ」

夜は防犯のため、すべての出入り口を施錠している。

だから、現れるものは普通の人ではない、ということになる。

Rさんは三度、遭遇しただけだが、連日で見た社員もいる。しかも、現れるのは特定のものではなく、中高生くらいの男だったり、中年女性であったり、逆三角形の体格のいい性別不詳の人だったりするという。それらがすべて幽霊かどうかはわからないが、普通では入ってこられない場所に夜中に現れるのであれば、その可能性は高い。

彼らは工場内に現れても何をするわけでもなく、黙ってどこかに歩いて行ってしまうだけなのだというが、Rさんは一度だけ、例外に会ったことがある。


その日、焼きあがった製品の入ったトロッコを炉から引き出している時だった。

同工場支給の作業服を着たものが来るので、今日は交代の日だったかなと見ると、まったく知らない太った若い男だった。どこかで見た顔だと思った。うろ覚えだが、確かにどこかで見ている顔だ。「誰だ」と訊くのも悪い気もして、「おう、どうした?」と声をかけた。

「あのぉ〜、近くで事件があったんですが〜」

「え？　どこ？」

「○○のビルで。十人以上、監禁されて何人か死んだみたいです」

Rさんは驚いて作業の手を止めた。
○○のビルは工場から少し離れている一階が精肉店の建物である。被害に遭ったのは外国人で、犯人――おそらくグループはまだ捕まっていないのだという。
物騒な話である。今もこのあたりに潜伏しているかもしれないのだ。

だが、それはそれとして。

「そういえばあんた、どこから入って来たの？　あれ、おーい」

さっきまで興奮ぎみに事件のことを語っていた男は、話したいことを話すとスタスタと行ってしまい、出口も何もない「いなくなれるはずのない場所」で姿が見えなくなった。

嫌な予感しかしないので護身用に金槌をズボンの後ろポケットにいれて、その晩は交代が来る朝まで工場内に目を光らせていた。

朝になって交代の社員にこのことを話すが、そんなニュースは入っていないという。

その後も○○ビルで監禁殺人事件があったという情報はなく、ビルの名前が間違っているのではないかと近所の住人に聞いてみたのだが、そんな大事件が起きていたらニュースになっていると笑われてしまった。

「よくわからん奴がいきなり仕事場に入ってきて、おれに大ぼらこいてったってだけの話なんだけどさ。実害もないし、深く考えなくてもいいんだろうけど、そいつ、やっぱりどっかで会ってる気がしてさ。それに幽霊って感じでもなかったし……なんだと思う？」

まったく見当もつかないので、未来から来た人とか、と答えると、Rさんにつまらなそうな顔をされてしまった。

静寂

川崎出身の漫画家、押切蓮介さんからうかがったお話である。

子どもの頃によく遊んでいた丘があった。

小学六年生の頃、そこで友人二人と遊んでいると洞窟のようなものを見つけた。穴はずっと奥まで続いており、探検するには申し分ないが三人では心許ない。後日クラスメイトたちを誘って再訪した。

総勢十一人での洞窟探検である。想像していたよりも洞窟内は広く奥へと繋がっていたが、懐中電灯もあるし、なによりこの人数が頼もしい。躊躇なく歩みを進めることができた。

やがて出口が見えてくる。

少しずつ視界に広がる光景に押切さんたちは圧倒される。

畑にも草っぱらにも見える鈍い緑色の草地が広がり、舗装されていない道がざっくばらんに刻んでいる。長屋か畜舎のような建物があり、農具小屋のような小さい建物がぽつりぽつりと見られる。何かを燃やしている白い煙があちこちで立ち昇っている。

丘に囲まれた、小さな集落のようだ。

いびつな土器のようなものがあちこちにある。粗雑な作りの棚に並べて置かれているものもあれば、雑に地面に転がされているものもあった。

同じ川崎とは思えぬ異観に、押切さんは奇妙な緊張感と危機感を覚えた。

なにより、静かすぎた。

人の営みの痕跡はあるのに、あまりに音がない。

人がいる。

少し離れたところに民族衣装のようなものを着ている女性たちがいて、どうも自分たちの方を見ている。指をさされている気もする。

猟師のような風貌の男が押切さんたちの方へまっすぐ向かってきた。

こちらは十人以上いるので気が大きくなっていたのだろう。目の前まで来た男にN君が殴られるまで誰も動かなかった。

「いてぇな！」

N君が相手を睨《にら》みつけた次の瞬間。

猟師風体の男の腕が見えない速さで動いた。

カシュッ。

聞いたことのない変な音がした。

Nくんは両手で自分の顔を押さえ、呻《うめ》く。

殴られたのだ。相手が子どもであろうと躊躇など欠片《かけら》もない大人の本気の暴力が、N君から一瞬で戦意も反抗心も奪っていた。

男は怒鳴り散らした。それは日本語ではなかった。

押切さんたちは竦《すく》む足を引きずるように来た道を戻った。

洞窟を転び出た十一人は逃げられたことに安堵する間もなく、次々と叫び声をあげる。

一心不乱に自分の腕や足や首に爪をつきたて、ぼりぼり、ばりばりと掻きむしりだす。腕も足も首も、隙間もないくらいびっしりと蚊に刺されていた。

踊るように全身を掻きむしるクラスメイトを見つめながら、押切さんは呆然とする。

なぜか、自分だけはまったく蚊の被害を受けてはいなかったのである。

やはり、あの場所はおかしい。

この街のどこに、あのような集落のできる隙間があるというのか。

あの丘ではいつも遊んでいるのに、なぜあの洞窟は突然、自分たちの前に現れたのか。

子ども心にも何かが変だと感じた押切さんは、後日、クラスメイト数名で洞窟に再度向かったそうだ。一人だけ殴られたNくんも、リベンジしようとバットを持って参加した。

ところが丘のどこを探しても、あの洞窟が見つからなかったそうだ。

場所は高津区で、洞窟はおそらく防空壕とのことである。

※この話は『暗い廊下とうしろの玄関』（メディアファクトリー）に「静寂の谷」として収録されている。本稿は押切さんご本人から改めて当時の体験をうかがったもので、一部内容に違いがあることを明記しておく。

クレーム

押切さんから、このような話を聞いた。

「由来とかを調べてみてほしいんですけど、二子新地《ふたこしんち》って駅は、昔は二子新地前だったんですけど、今は二子新地なんですよ。なんでかっていうと、電車で『次は二子新地前〜、ふたこしんちまえ〜、ふたご死んじまえ〜』って聞こえるっていうクレームが殺到して、二子新地って改名されたっていうんです」

私も気になり調べてみた。

二子新地は高津区二子にある東急電鉄の駅である。

調べてみると確かに以前の駅名は「二子新地前」だったが、昭和五十二年に「前」が取れて「二子新地」に改称したとある。

二子新地は大正十四年に二子橋の開通後に開かれた産業地である。多摩川を渡って来る遊覧客を目当てとした料亭や芸者置屋などがいくつもあったそうだ。

そもそも改称の切っ掛けとなった「二子」の二文字はどこから来たものなのか。

現在の高津区二子一丁目～六丁目は、二子村と呼ばれていた。

昔、村の東南に二つの塚が並んであったといい、これを二子塚と呼び、村の名前もここから起こっているのだそうだ。二つの塚は五～六世紀の円墳《えんふん》とされているが、詳細は不明とのこと。現在、塚そのものはなく、二子塚公園に「史蹟二子塚之碑」があるのみである。

由来はわかったのでこれ以上調査範囲を広げる必要はないかと二子周辺の古い地名資料を見ていると、気になるものを見つけた。

産塚跡《うぶづかあと》。

地名の由来は不明とある。

場所は田園都市線高津駅の北西。現在の地図に同地名はないが、番地で調べると「無縁法界塚」なるものがあると知った。

そこには小さな祠《ほこら》があり、「無縁法界」と刻まれた石碑が二基立っている。

無縁法界とは無差別平等のことで、縁もゆかりもない人のことも指す。

産塚跡は無縁仏を供養している場所だったのだ。

この地域は江戸時代、便利な新興の宿場町であった分、住人の貧富の差も大きかった。凶作や重税による貧苦でやむなく、間引きもする家も少なくなかった。男の子を間引くのを「川遊びにやった」、女の子なら「ヨモギ摘みにやった」と言っていたそうだ。

産塚。二つの無縁仏。

かつてここで、産まれて間もない二児が捨てられていたことがあったのではないか。

「次は、ふたご死んじまえ」

もう聞くことのない車内放送を頭の中で再生し、ゾッとする。

住民たちのクレームは、この土地に眠るものたちからの批難の声でもあったのではないだろうか。

予言

高津区久地《くじ》の山奥の寺に住んでいた、ある男性の奇妙な体験である。

この男性は毎晩のように、近所に住む老婆の家に遊びに行っていた。

ある晩、その老婆から突然こんなことを言われた。

「何百年後かには、ここは泥海になるよ」

唐突な予言である。

この山が泥の海になるとはどういうことか。

困惑する男性に老婆は続けてこのように告げた。

「これは誰にも話してはいけない。話せば――」

お前の命はない。


この後、寺住まいの男性や老婆がどうなったのかという話はない。

親しかった老婆が突然、何かにとり憑かれたように不気味な予言と警告をしたというだけのオチも何もない、なんとも歯切れの悪い話なのである。

昭和三十五年発行の民俗雑誌に載った記事であり、寄稿者は「亡くなった父親から聞いた」という人物から採話したらしく、「寺住まいの男性が人に話して死んでしまった」とか「老婆の予言通りに山が泥海になった」というような話は知らないという。その尻切れトンボさが、どうもただの昔話・創作ではない気がして少し調べてみた。

老婆の住んでいた山とは、浄元寺《じょうげんじ》の裏にある津田山《つだやま》（七面山《しちめんやま》）ではないかと思われる。この山の中腹には弁天橋の架かる池があり、そこは雨乞いをする場所であった。《雨乞い弁天》などと呼ばれていたそうだが、降らせてくれるのはいいが一度呼んだ雨は必ず豪雨となったという危険な祈願所でもあったそうだ。

私有地なので現在はお堂に近づくことはできない。

久地の地名は由来不明とされているが、クジは崩れる・抉《くじ》ると同義とされ、急な崩壊崖につけられる地名語なのだそうだ。久地の南にある下作延《しもさくのべ》との境の丘陵が津田山であり、そこは昔、北側斜面が多摩川を見下ろす崖の連なりであったという。

豪雨を呼ぶ場所と、地名が「崩れる」意味を持つ場所。
近年の自然災害の猛威を見ると老婆の予言は、あまりに不吉ではないだろうか。
予言された「何百年後」とは、いつのことなのだろうか。

白いウナギ

不気味な予言をした老婆の住んでいたと思われる高津区久地の津田山。

その中腹にある弁天橋のある池は、搔《か》い掘《ぼ》ると必ず雨が降ったといわれる。

「搔い掘る」とは、池の水を汲みだして泥をさらい天日に干すことで、雨乞いのやり方のひとつである水替え行事である。

この池ではこれをやると雨は降ってはくれるのだが、それはひどい豪雨となって天候が大変荒れたのだそうだ。


そんな危険な池に一匹の白いウナギが棲んでいた。

ある年の雨乞《あまご》い行事で、Ｙさんという人がそのウナギを捕らえて食べてしまった。

その三日後に死亡した。

切通しの幽霊

高津区に子母口《しぼくち》という土地がある。地名の由来は文献によって違い、説話もいくつもあるのだが、あえて怪談向きのものを拾い上げるならば、橘樹《たちばな》神社の境内にあった松の巨木からきたという説だろう。

樹齢千数百歳と見られるこの松はご神木と崇められており、『橘村郷土誌』によると「神木地《しんぼくち》」が約《つづ》められてシボクチの地名になったとしている。

昔はこの地から旅立つ人は必ず橘樹神社に詣《もう》でてから村を出て行かねばならず、これを怠《おこた》れば道中で必ず災難に遭うというので大変恐れられていたそうだ。

この子母口には、不可解な事故の起きる一本の道がある。

尻手黒川《しってくろかわ》道路沿いにある円融《えんゆう》寺、その墓地に沿って開かれた切通しの道路である。

参考資料に詳細がなく、地図にも「切通し」とは書いていないので場所が正確であるかは少し怪しいが、古地図や地名辞典で周辺を調べた感じでは、円融寺とその南を東流する矢上川《やがみがわ》に挟まれた、ややカーブのある道のことだと思われる。

昭和四十年代、この道では自動車事故が多発していたそうだ。

見通しが良いといえないが、事故が起きるような危険な道には見えない。

しかも、ここで起きるのは車同士の事故ではなく、人身事故でもない。単独事故だ。

なぜか決まった場所で電信柱にぶつかるのである。

どうも、何かをとっさに避けているようなのだ。

事故を起こしたドライバーたちは、道路上をすべるように現れる人影を目撃していた。

そして思わず急ブレーキを踏んでハンドルを切り、電信柱にぶつかってしまうのである。

人影は「人ではない」ので、ドライバーだけが怪我をする。

車の単独事故を誘う人影。いったい何者なのか。

関連は不明としておき、見つけた情報をいくつか挙げる。

この切通しの道路からは、過去に五体の無縁仏らしき遺体が見つかっているらしい。

詳細はわからないが、この地が切り開かれる前は湿田《しつでん》であったことから、寺の墓地で埋葬されていた遺骨が流れてきたという可能性はある。

現場付近には長さ二十メートル弱ほどの西ヶ崎橋《にしがさきばし》がある。

西ヶ崎というのは元々、円融寺の墓地付近にあった地名で、今は消失しているが橋やバス停には名が残っている。その土地の先端部には「ヤキバ」と呼ばれる場所があった。火葬場のことで、このヤキバで焼かれた仏は切通しを渡って墓地に運ばれていたと考えられる。

西ヶ崎は《死馬捨場《しばすてば》》でもあったようで、皮を剥《は》いで解体した死馬を棄てる場所だったそうだ。

また、ここは空襲被災地でもある。

昭和二十年四月十五日の夜十一時半ごろ。西方から来襲したB29の大編隊のばらまいた爆弾や焼夷《しょうい》弾により、多くの民家や社寺が全焼、焼失した建物の中には円融寺もあった。その時、円融寺には集団疎開してきた約四十名の教師や生徒たちがいた。幸い、人身被害はなかったとのことだが、出火した家はみな全焼してしまったという。

事故を起こしたドライバーたちの見た人影は、火から逃れる人々の残像だったのかもしれない。円融寺は昭和二十五年に再建されている。

高津区

橋脚の少女

昭和の頃、高津区新作《しんさく》では〝少女〟が現れて話題となった。

少女の背丈は三メートルほど。顔もなにもないどころか厚みもない。

それは、少女の形のシミである。

場所は橘中前《たちばなちゅうまえ》交差点から南に約三十メートル行った市道二子千年《ふたごちとせ》線の中央分離帯。

そこに林立する第三京浜の橋脚の白っぽいコンクリートの表面に、地面から三メートルほどの高さがある濃い灰色のシミが浮かんだのだが、それが少女の姿に見えるというのだ。

昭和六十年五月三十一日の読売新聞でも記事になっている。

三メートルの少女――というのもすごいが、なぜそのシミが少女なのかは理由がある。

問題のシミが現れたのは記事が書かれた六年前とあるので昭和五十四年。その約一年前に橘中前交差点で付近に住む少女が死亡する交通事故があったのだという。第二次交通戦争と呼ばれる時期の少し前だ。

また交通事故ではなく、何者かに殺害された少女であるという話もある。橋脚にコンクリートを詰めた際に少女の死体を埋め込んでおり、雨が降るとその姿が浮かび上がってくるのだそうだ。こちらは殺人と遺体遺棄なのでまったく話は違ってくるのだが、根拠となるような事件の記録は見当たらない。近いとすれば少女のシミが現れた翌年の五十五年、同区の東名高速道路ガード下でミイラ化した女性の遺体が発見されている。左手の中指に十八金のカマボコ指輪をしていたといい、こちらは少女の年齢ではなかった。

話を戻そう。「橋脚の少女」の記事によると、付近の住人やタクシー運転手のあいだではこんな話がささやかれていたそうだ。

雨の降る深夜、この橋脚のほうから生温かい風が吹いて、女性の声で「助けて、助けて」と微《かす》かに聞こえてくる、と。

また、シミは暴走族のカラーペイントによる落書きでも消えることはなく、そのような悪戯をした者は交通事故に遭うといった祟りがあったのだそうだ。

一時は大変話題になり、マスコミも駆けつけ、橋脚の少女をひと目見ようとわざわざ雨の夜にやってくる弥次馬もいたという。

記事の終わりには、これ以上騒ぎが大きくなることを懸念した日本道路公団第三京浜道路管理事務所は、近く供養したうえでシミを消すことにしているとあり、現在、橋脚は白く塗装されているので少女の姿は確認できない。

だが、私は道路公団による供養は行われたのか、少し疑問に思っている。その理由は次の話で書くことにする。

これはまったくの余談と妄言になるが、少女のシミが現れた「新作」という地名の由来ははっきりしないそうだ。一説では「しん」は「浸む」、「さく」は「迫」ではないかということう。台地が谷戸《やと》に迫って入り込む地形だから、ということだが、私は「浸」「迫」の二文字を見て、交通事故で犠牲になった少女の恨みが橋脚に「浸」み込み、自分の命を奪った車を見つけてシミからむくむくと「迫」り出す姿を想像してしまった。

高津区

第六天が祟る道路

《第六天《だいろくてん》》または《大六天》は《第六天魔王》を祀《まつ》る場所である。

旧武蔵国《むさしのくに》を中心に分布しており、『新編武蔵風土記稿』を見れば川崎にはこれを祀る場所が多数あったことがわかる。神社合祀《ごうし》により他社と合併して名の消えたものも多いが、それでも昭和期まで多くの人々に影響を与えていたことは、本書掲載の何話かを一読いただければおわかりいただけるのではないかと思う。

《大六天魔王》とは仏教においては修行を妨げる魔王とされている存在だ。人々が恐れる場所、近づかない場所、祟りにより災いや病や死が降りかかると考えられている場所の背景に、この存在の名前が見られることが多々あった。

川崎市市民ミュージアムが民間に行った調査の資料に、《第六天》にまつわる興味深い記録がある。

第三京浜道路の工事が始まる前とのことなので、昭和三十六年から三十九年の間だろう。本格的な工事が始まる前、道路公団に〝忠告〟をした人物がいた。

工事を始める前に、供養をすべきだと。

道路ができる場所は墓地の跡地であり、なにより《第六天》を祀った場所であるという。だが公団側は社寺や祠などの形として残っているものは供養するが、何も残っていないところの供養はしないと、この忠告をはねのけた。

確かに祠などは残っていなかったが、第六天の社があった場所には椿《つばき》の神木が生えていた。墓地も墓石は寺に移されているが土葬時代の遺骨がまだ地面の中に残されているので、供養は必要だと訴えたのだ。だが結局、公団側は訴えを聞き入れず、供養はしなかったという。

問題の第六天の跡地を探してみた。

公団に忠告したという人物は宮前区野川《のがわ》在住。野川地区内にあった《第六天》を調べると、『新編武蔵風土記稿』に「上野川の内にて村の東方によりてあり、僅かなる祠なり」とある。

野川地区は元々、上野川《かみのがわ》と下野川《しものがわ》に分かれており、その大まかな位置はわかるのだが、何を見ても祠のあった場所は特定できなかった。

この場所は現在も祟りを起こし、事故を誘発している可能性もある。

では、先の《橋脚の少女》は——。

「形として残っていなければ供養しない」と言っている道路公団は、はたして橋脚に浮かんだ彼女《シミ》を「形」として受け取ってくれただろうか。

ポチャン

多摩区堰《せき》町での体験談である。


堰と久地の中間にオイリと呼ばれる川がある。

この川沿いの道を夜遅い時間に歩いていると、前方に誰かがいることに気づいた。

こんな時間に歩いている人が自分以外にもいることが心強い。だからといって追いかけて話しかけるつもりもなく、道中のよい同伴者ができたと、ただ心の中で思っていた。

離れもせず、近づきすぎもせず。

前の背中を見失わない程度の間隔を保ちながらの同道である。

その背中が、オイリの曲がり角にさしかかった途端。


ポチャンと大きな音がした。

前を歩いていた人が突然、川に飛び込んだのだ。
そんな光景を目の当たりにし、深夜にもかかわらず大声で叫んでしまったという。
運悪く身投げの瞬間を目撃してしまったのか。
それとも、この世のものではないものと同伴していたのか。

取られる坂

多摩区生田《いくた》は丘陵地なので坂が多い。そういう場所にはあやしい話が集まる。東三田《ひがしみた》には、急いで駆け抜けたくなるような名前の坂があった。

専修大学生田キャンパスや川崎国際生田緑地ゴルフ場の付近を通る道で、昔は寂しくて気味の悪い雰囲気が漂い、戦後は追剥ぎなども出たという物騒な場所であった。

この坂道では、けっして転んではいけない。

耳を食いちぎられるから。

《耳取り坂》と、そこは呼ばれていた。

坂の近くにオオカミが棲んでおり、夜間、通る者の後ろからついてきた。

何事もなく家に着けばいいが、もし途中で転ぶなど一度でも隙を見せようものなら、すぐさまオオカミが襲ってきて耳を食いちぎっていくのだという。

《送り狼》というものと酷似している。

これも山道を歩いているとついてくるオオカミで、先の話と同じく隙を見せると襲われるという山里の怪異だ。だが、耳だけを食いちぎって持っていく例を私は初めて見る。オオカミにそのような習性があるという記録も見たことがなかった。だから疑問がわく。

本当にオオカミの仕業だったのか。

でもオオカミでなければ、なにが耳を取っていたのか。

耳取、耳取川、耳取峠――地名に「耳取」が付く場所には、耳を取る「何か」が出たという話が多い。福島県信夫郡《しのぶぐん》(現・福島市)の川には夜毎、川沿いを通る人の耳をもぎ取る「何か」が出たため「耳取川」と呼ばれたそうだ。愛知県西三河《にしみかわ》の古戦場付近にも「耳取縄手」があり、夕刻にこの道を通ると何かに耳を引きちぎられたといわれている。

このような、地名に「耳取」の付く場所は、なぜか集落の境などが多い。川崎の《耳取り坂》があった道も、昔は上長沢《かみながさわ》(生田村)と下《しも》長沢(向丘村《むかおかむら》)方面に別れていく村境の道路だったそうである。

うりょ　うぶぁが　ちびから
耳食やがそれ来た

これは『南島研究』収録の七十年以上前に採集された、沖縄県宮古島に伝わる童歌の一節である。歌詞にある「耳食や」とは「怖いもの」を指すという。

耳を食うものは、怖いものなのだ。

多摩区

幽霊は今も黙し続けるか

川崎の心霊スポットとして必ず名があがるのが多摩区にある生田緑地だ。

多摩丘陵の緑に囲まれた自然都市公園であり、岡本太郎美術館や藤子・F・不二雄ミュージアムがあることでも知られている。

ここがなぜ怖い場所とされているのだろうか。なにかが目撃でもされているのかと、その手の情報の集まる掲示板を覗いてみたのだが、親子の霊が目撃されたなど〝らしい〟情報はいくつか見られるものの、めぼしい目撃談や体験談といったものは見つからず、とくに得られるものはなかった。

どうも昭和四十六年に起きた「川崎ローム層斜面崩壊実験事故」が怪談めいた噂の下地になっているらしい。災害対策用のデータを取るため、科学技術庁、通商産業省、建設省の共同により実験が行われた。斜面に散水して人工的に斜面崩壊を発生させるというものだったが、実験中に不測の斜面崩壊が起き、実験関係者や報道関係者など十五名が亡くなるという痛ましい事故がこの緑地で起きている。だが、この事故を心霊スポット化の要因とするのは、あまりに安易だと私は感じた。

ただ、本書を執筆するにあたり、川崎の地誌や調査資料から怪談奇談を探していると生田の地名が多く出てくることは気になっていた。

中でもとくに関心を持ったのは、多摩区東三田にあるM大学生田キャンパス内で幽霊が目撃されていたという話だった。

市民ミュージアムの調査資料にあった記録で、目撃された状況など詳細は不明だが、その正体が某研究所の関係者ではないかというのである。

同キャンパスは、その研究所の跡地に建てられているからだ。

川崎には存在を秘密にされていた研究所があった。

その実態は一九八〇年代半ばまで明らかにはされていなかった。

昭和二年、新宿戸山ヶ原《とやまがはら》の陸軍科学研究所第二部の一室で生まれた「秘密戦資材研究室」が、昭和十四年に川崎の登戸《のぼりと》に移転、その五棟ほどの木造建築物は「陸軍科学研究所登戸出張所」となり、昭和十七年「第九陸軍技術研究所」となった。

通称《陸軍登戸研究所》。

軍の関係者でも存在を知る者が僅かしかいなかったという秘密機関である。

ここでは様々な生物化学兵器、電波兵器、諜報道具が研究・開発されており、缶詰型爆薬、雨傘型放火謀略兵器、秘密インキ、ライター型カメラ、変装用かつらといった諜報《ちょうほう》用具など、まるでスパイ映画に出てくるような物まで作られていた。

もっとも知られているのは「風船爆弾」だろうか。この兵器の開発は「ふ号作戦」と呼ばれ、実際に九千個以上がアメリカに向けて飛ばされており、うち千個ほどが届いてオレゴン州で犠牲者も出ている。牛のペストといわれる牛痘《ぎゅうとう》を分離させた成分を粉末状にし、この風船爆弾に搭載して畜牛の大量殺戮《さつりく》を計画したこともあった。

「毒入りチョコレート」の開発、魔法瓶の中に赤痢菌《せきりきん》を入れた実験、帝銀《ていぎん》事件で使用を疑われた「青酸《せいさん》ニトリール」の発明など、積極的に細菌兵器や毒物の研究開発もおこなっている。ハブ毒や笑い茸の成分ムスカリンを人体に注射する実験で何人も死なせていたとおぼしき資料もある。敵の軍犬の嗅覚を狂わせて無力化する、ミミズを原料とした「え号剤」という不気味なものまで研究している。

とりわけ奇怪な研究は「怪力光線《くわいりき》」であろう。「く号兵器」と呼ばれるこの兵器は超短波を高出力の発電機で発生させ、対象物に向けて発振するという殺人光線であり、目的は当然人間の殺傷であった。動物実験では距離十メートルでウサギの脳が破壊され、即死だったという。今でいうと電子レンジの原理であるらしい。

どこか現実味がなくオカルトめいて聞こえる話もあるが、この研究施設はかつて多摩丘陵に広がる約十一万坪の広大な敷地に実在し、我が国の勝利を信じて、これらの研究開発に心血を注いでいたのである。

その存在が近年まで知られていなかったのは、軍事機密を守るために民間人の立ち入りを厳しく禁じていたからである。うっかり研究所近くまで山登りにきて軍からスパイ容疑をかけられて暴行を受けた人もいたそうだ。また研究所の関係者はいかなる内部の情報も外に漏らすことを厳しく禁じられ、話せば死刑になるとまで言われていたため、寝言でも研究のことを漏らしてはいけなかったという。

終戦後は情報を隠滅するため、記録はすべて焼却。研究所関係者は約千人いたそうだが、当時の〝思い出〟を口にする者はいなかった。多くの関係者が墓場まで秘密を持っていったため、危険で奇抜な研究内容や研究所の存在そのものは、長らく明かされることがなかったのである。

彼らが黙していたのは軍の重要機密だったからというだけではなく、後ろめたさもあったそうだ。登戸研究所の闇の歴史には、明るみにされていない多くの死があったからだ。

《陸軍登戸研究所》の跡地に建てられた専修大学生田キャンパス。

同キャンパス内には「登戸研究所資料館」があり、貴重なパネルや映像資料を閲覧することができる。敷地内には当時使用されていた弾薬庫も保存されている。

目撃されていた幽霊は《陸軍登戸研究所》の関係者だと言われている。

また、同キャンパスの某学部校舎から何人も飛び降りているという不穏な話もあった。

飛び降りた人は必ず下にある電話ボックスに当たったといい、研究所の幽霊に誘われたのだと噂されていたようだが、某学部での事故の記事を探したのだが同様の事故は確認できず、昭和三十年代に同大学と関係のない女性が五階から飛び降りて重傷を負うという事故が見つかったくらいであった。私の調査が及んでいないだけかもしれないが、某学部の飛び降りに関しては、どこまでが実際にあったことなのかは不明としておく。

正門の守衛所裏には《動物慰霊碑》がある。

この研究所で毒物・細菌兵器の研究実験に使われたサル、ウサギなどの動物たちの霊を鎮めるため、昭和十八年に建てられたものだ。数え切れぬほどの動物が怪力光線や電波兵器の標的となり、毒物や細菌をエサに盛られて死んでおり、中でもブタは体温や皮膚が人間とよく似ていることから、たくさん使われたとのことである。

当然、人もたくさん犠牲になっていた。

危険な毒性化合物を使った実験は従事者のほとんどが十九から二十歳であり、実験中に毒素を浴び、皮膚がハチの巣のように糜爛《びらん》して数分後に死亡するといった事故が多数起きていた。小田急線生田駅から徒歩十分のところにある弥心《やごころ》神社（現・生田神社）は、こうした研究中に事故死した所員の霊を慰める場所であるそうだ。

さらにショッキングなのは、人に対する実験も行われていたという事実だった。

わずか二、三ミリグラムで成人も死に至る毒を打ち込む「ボールペン型注射器」の効果を知るため、捕虜に対して人体実験をしていた。当時、この兵器の開発をしていた研究所員は、人を使った実験は嫌だったが自身の研究結果がわかるので段々趣味になっていったと後に語っている。人体実験が趣味——戦争は人をここまで変えてしまうのかと、私はゾッとした。

川崎の心霊スポットとして知られる生田緑地。その麓である東生田には、軍がなかば強制収用して建てた住宅営団があり、そこには人体実験をしていた研究所の少佐や、生物化学兵器を研究開発していた幹部四十人が住んでいたという。

生田の地に怪談が多いのは、ここには実験の犠牲となり、その名も刻まれなかったたくさんの人や動物の命が眠っているからなのかもしれない。

キャンパスに現れる幽霊は今もそこにいて、黙して秘密を守り続けているのだろうか。

い号

池田弥三郎著『日本の幽霊』に、無人の自動車が現れるという実話がある。

昭和五十六年、東京の帝国劇場の前では、よく運転手の乗っていない車とすれ違うことがあった。もしこれと出遭えば二、三日中に事故を起こすというので、魔除《まよ》けとして車中になんらかの人形を下げているタクシーが多かった、という話だ。

そこまで害のあるものではないが、川崎にも同じようなものの目撃例がある。

府中街道を川崎方面から向かう途中の多摩区生田付近で、誰も乗っていない車が走っているのを目撃されることがあったそうだ。

深夜零時過ぎ、このあたりを車で通っていると後方の車のライトに気づく。

先に行かせようと左に寄せると、後ろの車も同じように左に寄る。

なんだろうとミラー越しに見ると、後ろの車の運転席には人がおらず、ハンドルだけが動いているのだという。

驚いて多摩警察署に駆け込むと「お宅も見ましたか」と言われるのだそうだ。

まるで都市伝説のような話だが、無人自動車は決して架空のものではない。実際に関東近郊に現れて、事件まで起こしている。

奇しくも帝劇前で無人自動車が目撃された前年の昭和五十五年。

ホテルニュージャパンなどに対し十数件のゲリラ事件を起こしていたグループの一員が、東京・神奈川・千葉などでのゲリラ活動の際に「無線操縦の無人自動車」などを製造していたことを自供している。昭和五十二年五月二十九日には千葉県因幡郡の東関東自動車道で、このグループの作った「無線操縦の無人自動車」が警視庁第九機動隊の車列に突っ込んだという事件もあったのだ。

帝劇前に現れたものと川崎で目撃されているものが、このグループの作った無人自動車と同じものであったかはわからない。それよりも多摩区で目撃された無人自動車の目撃場所が、生田付近であるということが私は気になった。

目撃された現場から一キロほどしか離れていない場所に、あの《陸軍登戸研究所》の跡地にできたM大学生田キャンパスがあるのだ。

実はこの研究所では、無人で動く車兵器も研究していたといわれている。

それは有線《いうせん》操縦装軌車——《い号兵器》と呼ばれていた。

敵軍のトーチカや鉄条網の破壊を目的とする小型の戦車のような兵器であり、実用化はされなかったらしいのだが——。

同キャンパスでは研究所所員の幽霊が目撃されている。

彼らは死した今も、実用化に向けて研究と実験を繰り返しているのかもしれない。

多摩区

崇りがある森

「本物」の祟る場所がある。

多摩区土渕《つちぶち》の丘にあった《イラズノモリ》という場所だ。

真竹などが茂っているこんもりとした森で、ここには誰も入ることはなかった。

なぜなら入った者の身には必ず災厄が振りかかるとされていたからだ。

この森には擂《す》り鉢《ばち》状の大きな窪地《くぼち》があり、そこには古い石碑と二十基ほどの墓石のようなものが並んでいて、周囲には椿などの大樹や篠竹《しのだけ》が自生していたという。

またここは、《第六天（大六天）》という神を祀っている場所だった。

《第六天》は、みだりに触れてはならぬものであった。これが祀られている場所は草刈りにもいけなくなるといわれるほど、とにかく恐ろしく手の付けられない存在で、その場所に踏み入ろうものならたちまち祟りに遭い、病に罹るとか死ぬといわれた。森に入る者がなかったのも当然といえよう。

この《イラズノモリ》の《第六天》には不吉な大蛇が棲んでいたともいう。また、周囲に生える木や篠竹を伐れば祟りがあると恐れられており、それを知ってか知らずか篠竹を一本伐った人物がいたが、祟りに遭ってたちまち死んでしまったそうだ。このように禁を犯したがゆえに死亡したと思われる実例が幾つもある「本物」なのだという。

そういう場所はどのような理由があろうと「触れず近づかず」であるべきなのだが。

『近年、水道工事で踏み荒らしたら怪我人が数人出た』

こんな見出しの新聞記事を見つけた。

水道工事のため《イラズノモリ》に入った作業員たちに祟りが起きていたのだ。

記事の書かれた昭和二十四年にもっとも近くに行われたと思われる大規模な水道関連工事を調べると、昭和十三年に生田浄水場が土渕にできており、どうもこれのことのようだ。

本工事の前には神主がお祓いを済ませ、件の《第六天》は山の上に移転されたそうだが、作業員たちは森に入るのを非常に恐れていたらしい。

それでも工事は始まるのだが、神主のお祓いも空しく大規模な土砂崩れが起きてしまい、「第六天が祟ったのだ」と人々は噂していたそうなのだ。

ずいぶん大事になっている。

ここまで話題になっていたのなら他にも記録があるはずだ。そう思って調べてみると、想像していた以上に不穏な記事が続々と出てきた。簡単にまとめてみる。

川崎市水道第三期工事浄水場（生田浄水場）の着工式が昭和十年十二月二十日午前十一時より生田村の現場で行われた。現場は数百年前より《入らずの森》と呼ばれている地元の人たちも足を踏み入れたことのない森である。

最近、市の事業関係者が森に入ったが、大部分の者は奇怪な死を遂げ、家族が病死するなどしているので恐怖の的となっている。だが、《入らずの森》は近く浄水場になるので住民の恐怖も解消するものと見られる――と書かれてあるのだが。

いや。解消などしないだろう。

祟りを軽視したあまりに危険な考えであり、私は不吉な予感を禁じえなかった。

そして、その予感は当たっていた。

翌年の十一年一月二十二日の午後二時ごろ、《入らずの森》での工事作業中に《第六天》を祀る場所を一メートルほど掘ると、直径三十センチほどの御神体の形をした石が出てきた。

現場に隣接する枡形山《ますがたやま》は北条《ほうじょう》時代、橘樹郡《たちばなぐん》の領主・稲毛三郎《いなげさぶろう》が城を築き、一族を連れて立てこもった場所であり、見つかった御神体もその時代の物ではないかと考えられていた。

この時、すでに工事従業員に死者が頻発《ひんぱつ》していたので、神罰を恐れた地元住民は有力者を招いて工事従業員たちとお神酒《みき》をあげ、お祓いをしたという。

ところが、ひと月も経たぬうちに今度は二十代の男性が悶死《もんし》し、五名の負傷者が出てしまう。作業員たちは森を掘りたがらず、工事に支障をきたしていたそうだ。

あまりに事故が頻発するので、さすがに市も放っておけなくなったようだ。

新たに神社を建設して《第六天》のお堂を移すことになったのだが、あまりに不気味であったので市長はお堂をそのまま動かさずに新しい神社を別に用意し、そこに霊を入れる儀式を執行することに決定したという。

近代化工事が祟りによる阻害を受けていたという、今では信じがたい記録である。

このほか、工事現場付近にカグラヤシキという場所があったという記録も見つけた。二反ほどの畑で元は《第六天》のお祭りをした場所だったというのだが、おや、と記事を見直した。この森は「地元の人たちも足を踏み入れたことのない」場所であったはずだ。近寄るべからずの森で、触れるべからずの神を、どのような人たちが祀っていたのかがとても気になった。しかし、この場所も工事の際になくなったものと思われる。

同浄水場は平成二十八年三月、大幅に水道事業を停止し、現在は工業用水事業として一部が存続しているほか、スポーツ複合施設「フロンタウン生田」の整備が川崎フロンターレによって進められている。

開かずの不動

《入らずの森》の付近には《開かずの不動》というものもあった。

ここの扉を開けると禍《わざわい》があるといって、地元の人たちは恐れて開けなかった。

ところが、これを開けてしまった人がいる。

川崎市誌編纂を嘱託されたNさんという人物である。

祟りを恐れて約八十年間、誰も開けなかったといわれる《開かずの不動》。

その中で祀られていたものは、片腕のもげた不動尊だったそうだ。


昭和三十二年郷土史研究会の発行した雑誌にみられる記事である。

Nさんの身に何かが起きたというような記述はなかった。だが《入らずの森》の祟りの凄《すさ》まじさを見ると、何事もなく無事に済んだとも思えない。

当時の様子をもっと詳細に記した資料がないかと探すと、昭和十一年発行の「読売新聞」に記事があった。生田浄水場の工事に関する記事で、例の《入らずの森》とともに工事現場には《開かずの不動》という奇怪な堂があると書いている。

この中にある御神体を見ると火事が起こると地元では恐れられていたそうだ。

昭和十一年二月十四日午後六時、川崎市史跡調査員と他数名が現場に赴いた。

「国宝級の物が出てくるかもしれない」

彼らは期待しながら《開かずの不動》の戸を開けた。

中には御神体らしきものがあった。

ただそれは一尺四寸ほどの木像で、首と手がなかった。


片腕どころか、実際は首もなかったようだ。

工事の際に《開かずの不動》が取り壊されたという記録は見つからなかった。現存しているのかと探してみたが、その名称では引っ掛からない。

どうも《開かずの不動》や《入らずの森》という呼称は元々新聞記者による命名であったらしく、地元の人たちに何と呼ばれていたのかという情報は出てこなかった。

ただ生田五丁目に《不動院》があるとの記述を見つける。現在の《土渕不動院》である。

近くに生田浄水場があるので《開かずの不動》はここなのだろう。

『新編武蔵風土記稿』によると、この《不動院》は開山開基の由来は不明とのこと。作者不明の不動の座像があるそうだが、首や腕がないという記述はなかった。

多摩区

深夜にしまう大黒

多摩区登戸《のぼりと》のT家には、見ても触れてもいけない大黒様の像がある。見ることと触れることが許されるのは年にたった一日だけ。

十二月の最後の子《ね》の日である。

子の日とは十二日に一度来る日で、干支の最初である子の位置にある日だ。

この日の夕方、T家では大黒柱の棚に納められている大黒様を下ろし、北向きに置いて祀る。そして、お神酒、大根と人参の酢の物、二股大根、炊いた玄米に炒《い》った大豆《だいず》をふりかけたものなど、大黒様がもっとも好むものを供える。大黒祭りである。昔は、白鷹《しろたか》の絵の掛け軸も飾って燈明《とうみょう》をあげ、家の主人が唱えごとをしたという。

その日の深夜、大黒様は棚に納められる。次に姿を見るのは一年後。それまで家の誰もが、大黒様の像を見ることも触れることも禁じられる。

禁を破って他の日に大黒様の姿を見れば、必ず禍《わざわい》がある。

サイノカミの幽霊

サイノカミとは「塞の神」で、村境や橋のたもとなどで祀られ、外から来たるあらゆる災いの侵入を防いでくれる存在として各地で信仰されている。

しかし災いから守ってくれるはずの神様が災いを呼ぶことも稀《まれ》にある。

サイノカミを祀る行事は川崎のほとんどの地域にあった。都市化が進んでから年々減少してはいるものの、現在でも一部の地域ではコミュニティ主催などで行われている。

松の内が明ける一月七日前後に準備が始まり、子どもたちが近所の家々を巡って正月の注連縄飾りや門松、ダルマ、煤竹などを集めてくる。そして、孟宗竹《もうそうちく》を中心に藁などで作った円錐状・円筒状の小屋をこしらえ、子どもたちが各家から集めた物をそこに集める。

作った小屋の中には囲炉裏《いろり》を掘り、そこで子どもたちは餅《もち》を焼いたり雑煮《ぞうに》を食べたりしたという。

だが本番は、十五日のオタキアゲの日である。

門松や注連飾りで作った小屋を焼いて、その年の無病息災を願う行事だ。

夕方になると子供たちが集まって小屋に火をつけ、勢いよく燃えさかる炎、竹の爆《は》ぜる音、小屋が倒壊する方角などで、その年の吉凶を占った。小屋の芯である孟宗竹が倒れた方向にある家では、伝染病や災いがあるといわれた。

子どもたちがとても活き活きとする楽しい行事だが、危険もあった。

サイノカミの小屋の中で寝ていた子どもが、火の不始末により焼死してしまうという痛ましい事故があった。そのため、サイノカミの小屋での寝泊まりを禁ずるところも多かった。

麻生区古沢は、サイノカミをやると幽霊が出るという理由で、この行事を止めた。

サイノカミの小屋はオタキアゲ前の早いうちから作るため、ホームレスが寒さをしのごうと入り込んでしまうことがよくあった。藁などがたくさん積まれているため、小屋の中は真冬でも温かいからである。

十五日のオタキアゲの日。ホームレスが中で寝ていることなど知らない子どもたちは、わいわいと小屋に火をつける。

火の回りは驚くほど速く、熱さと煙たさに目覚めても、まわりは火の壁。逃げることはできない。燃え盛る火の中から放たれる絶叫が、子どもたちに聞こえたかどうかはわからない。

小屋の中で寝ていたホームレスは生きたまま焼かれてしまった。

それからサイノカミの行事をすると、子どもたちに焼かれたホームレスの幽霊が出るようになったため、古沢ではやらなくなったのだそうだ。

川崎市全域

カミの祟り

サイノカミは「カミ」なので、祟ることもあったそうだ。

とくに風邪などの流行病から守ってくれる存在であるためか、祟れば病禍《びょうか》に見舞われる事例が多かった。

宮前区野川《のがわ》の県営野川南台団地のある一帯は、かつて十三本堂と呼ばれており、ここに十三の塚があった。これらは村を災厄や悪病から守護する施設であったと考えられ、とくに防病意識の高い地域だったのかもしれない。

この地域で信仰される「セエノカミ」は、小便をかけると伝染病にかかるといわれた。ただの「病」ではなく、「伝染病」であるところに神の怒りが伝わってくる。尿をかけた一人にだけ責任を取らせて済ませるつもりはないのである。たった一人の涜神《とくしん》行為がたくさんの人を災いに巻き込むこともあるというわけだ。

たった一度の冒涜行為で、カミが病を大流行させた実例がある。

多摩区宿河原《しゅくがわら》の沓稲荷社《くついなりしゃ》（船島稲荷神社）は百日咳《ぜき》に霊験あらたかで、この病が流行すると各地から多くの人たちが参拝に来ていた。

百日咳はとくに子どもが重症化する病で、乳幼児は死亡する確率が高い。感染した子どもは「ひゅー、ひゅー」と喉から苦しそうな呼吸音をさせ、発作、痙攣を起こす場合もある。子がある家は遠くからでも、この社寺へと祈願に訪れたという。

神前にある馬の藁沓を片方借りて自宅の出入口に掲げておくと、病の手から逃れられるとされ、もし病にかかっても藁沓で胸をさすると咳がおさまるといわれていた。病から救われた家は藁沓を片方作って、借りてきた藁沓と合わせて一足になるようにして神前に返却した。境内の沓堂はそうして返された藁沓がたくさん溜まるので、サイノカミの行事の時に焼いていたという。

明治の頃、沓稲荷社の沓堂にホームレスが住み着いてしまうことがよくあった。冬などは沓堂内の藁沓を燃やして暖をとっていたといい、一人が去ってもすぐに次が来て住み着くので近隣住民はたいへん困っていたという。

そこで住人たちのとった対策が、ホームレスの侵入を防ぐため、沓堂の扉が開かないように釘で打ち付けることだった。

だが、それがいけなかった。

扉を封じてからすぐの事だ。沓稲荷社の氏子の住む船島地区の子どもたちが、「ひゅー、ひゅー」と笛の様な音を喉から漏らすようになる。

子どもたちが皆、百日咳に感染してしまったのだ。

彼らにはなんの罪もないどころか、病の流行時には沓稲荷社に集まって百万遍念仏を唱えていた真面目な子どもたちだ。

カミへの冒涜による連帯責任は、子どもだろうと年寄りだろうと関係ないのである。

この沓稲荷社の沓堂は、昭和二十八年の大晦日の夜、やはり入り込んだホームレスの焚火が原因で焼失している。

災いのオンベ

川崎の「サイノカミ」の行事では、子どもたちが少し怖くなる。

多摩区登戸では一月十一日から十三日の夕方から夜の八時ごろまで、子どもたちは各家をまわって、煤払いの竹や古いお札、正月の飾りつけといった物を集める。七歳から十三歳ぐらいの子どもたちが大笊《おおざる》や籠《かご》を背負って、太鼓を叩きながら「サイノカミのもちくんな」と叫ぶと、その家の住人はお盆一杯ぶんほどの餅と、わずかばかりのお金、それと二、三束の薪をくれるのである。

お金も餅もなにもくれない家は、子どもたちにオンベを投げ込まれたという。オンベとは御幣《ごへい》のことであり、どの家もこれを投げ込まれることを大変忌《い》み嫌った。子どもたちにオンベを投げ込まれた家には、災難があると言われていたからである。

登戸の東の地域では少し違っていて、家々から藁や餅を集めてまわる際、子どもたちが

《藁獅子《わらじし》》というものをかぶった。藁を束ねて先を編んだ被り物で、頭に注連縄を巻き、「角」を立てる。そのような姿で「悪魔払い、悪魔払い」と叫びながら、夜遅くまで家々をまわる。

そして何もくれない家には、《藁獅子》の「角」を投げ込んだ。

この角は先のオンベと同じ御幣であり、やはり投げ込まれた家には悪いことがあるので、どこも嫌がった。

多摩区宿河原の四谷では、子どもたちは「ゴロ石さま」に何本も縄を括《くく》りつけ、がりがりと引きずりながら家々をまわる。彼らは家の前に来るとゴロ石様を地面にどっかんどっかんと叩きつけながら、「セエノカミの御神酒銭、銭くれる家は大臣なーれ、銭くんない家は貧乏なーれ」と叫ぶ。金を出さない家には、あろうことかゴロ石様を投げ込むので、これも大層嫌がられたそうだ。

施しのない家に子どもたちは容赦なく不幸を投げ込み、無邪気に没落を望む言葉を投げかけた。こうした行為が時に呪詛《じゅそ》のような効果を持ってしまうことがあるようで、子どもたちにオンベを投げ込まれた家の住人が長く患って死ぬことが本当にあったそうだ。

その夜に来るもの 一

川崎ではサイノカミの小屋を焼く理由が他にもある。

麻生区下黒川では、十二月八日の晩、履物を外に出しっぱなしにしてはいけない。家の前に帳面を持った一つ目の老婆がやってきて、外に出ている履物に印を押し、帳面に履物の持ち主の名前を書くからだ。名前を書かれた人は必ず疫病に罹る。老婆はその帳面を一度サイノカミに預けていく。だから、小屋を焼き払って病災から免れなければならないのだ。

この老婆は《メカリバアサン》《ミカリバアサン》《帳付けバアサン》などと呼ばれる一種の妖怪であり、高津区上作延、中原区中丸子《なかまるこ》、多摩区生田の栗谷・長沢・鴛鴦沼《おしぬま》、細山の北谷・大久保、横浜市の一部など、広い範囲で類似する言い伝えがある。

老婆の来る日は決まっている。

十二月八日と二月八日。

両日は事八日《ことようか》という。地域によって解釈は違うが、川崎とその周辺地域では正月行事を始める日と納める日のことをいう。

老婆はどちらの日も来る場合もあれば、どちらかの日だけに来る場合もある。だからその日は仕事を休んで、川向こうには絶対行ってはいけないと言われていた。

《メカリバアサン》が来ると流行病の他にもよくないことが色々と家や個人に起こるので、昔の人たちは彼女の来訪を避けるために「目カゴ」と呼ばれる網目の大きい籠を竿に引っかけて玄関に立てておいた。そして、脱穀の際に地面に落ちた米で団子を作ってそれも置いておく。籠を玄関に掲げておくのは魔除けである。籠には網目があって「目」が多いので、一つ目の化け物が恐れて近寄ることができなくなるからだ。一つ目の老婆は仕方なく、置いてある団子を持ってその家から去っていく。

関東では事八日に来るのは《一つ目小僧》とされていることが多いが、川崎ではなぜか、この一つ目の老婆なのである。しかも、どうもただの化け物ではないようなのだ。

次に載せるのは、数多の文献に散見される伝承を集めて再構成したものである。そこからこの怪老婆の意外な一面を垣間見ることができるはずだ。

※

彼女には三人の子どもがいた。自分が留守にしているあいだ、子どもたちが囲炉裏で火傷《やけど》をしやしないかと荒神様《こうじんさま》に毎日団子を供えるくらい心配性で、また信心深かった。物を大切にするたいへん慎ましやかな性格でもあり、周囲からの評判もよく、おかげでなに不自由なく幸せな暮らしを送っていたのだが。

そんな彼女に突然の不幸が訪れる。

十二月八日。

大切な子どもたちが、三人とも死んでしまった。

急に独りになってしまった彼女は現実を受け入れられず、いなくなった子どもたちを捜そうと、夜になると松明《たいまつ》を持って自分の家の周りをぐるぐると歩いてまわった。何度も何度もぐるぐると家の周りをまわっているうちに、持っていた松明の火が屋根に燃え移り、家は全焼してしまう。

その後も命日がくるたびに彼女は子どもを捜すため、夜中に松明を持って村中の家々をまわった。

何年、何十年と捜したところで、死んだ子どもたちが見つかるはずもない。だが彼女は自分に目が一つしかないから見つけられないのだと考え、家々にこう頼んでまわったという。

目ェかしてくれェー、目ェかしてくれェー
目ェかしてェー、目ェかしてェー
目かせェー、目かせェー

目玉を欲しながらさまよう老婆の訪問を人々は恐れた。

彼女の持つ松明の火が燃え移って家が火事になることも怖かった。

やがて彼女は子どもを捜してあちこちの村をまわるようになり、多摩川を越えて北のほうへも捜す範囲を広げようとしたのだが川の流れが急で渡り切れず、溺れ死んでしまう。

だから、多摩川を超えた先の地域には《メカリバアサン》の話がない。

※

悲しみの果てに正気を失った彼女は、多摩川で溺れ死んだあとも、十二月八日、我が子たちの命日の夜に家々をまわっていたのだ。

その家に我が子がいないか、よく見える目玉はないか。

一つだけの目を大きく開いて窓から覗き込んでいたのだ。

その夜に来るもの　二

四十年以上前の夜。あるアパートの一室でのことだ。

風呂に入っていると、わんわんと泣き喚《わめ》く声が聞こえてきた。

息子の声だ。

慌てて風呂を飛び出すと、居間にいる息子が寝室の窓を指さしながら泣き叫んでいる。

宥《なだ》めながら何があったかと訊くと、一つ目のお化けが家のなかを覗き込んでいたという。

窓は雨戸のシャッターを下ろしていたので、誰かが覗きこめるわけがない。

それでも息子は顔を真っ赤にし、割れるように泣いている。こんなに怯《おび》えているのなら、本当に何かを見たのかもしれない。そう思って暗い窓を見ると気味が悪かった。


これは私の体験である。といっても私は泣いている子どものほうなのだが。

どうも小さい頃、親が入浴中になにかを見たようなのだが、私はまるで覚えていない。

ぼんやりと覚えているような気もするのだが、親から話を聞かされたことで覚えている気になっているだけなのかもしれない。

まだお化けに興味を抱く前のことなので、たぶんこの時の私は《一つ目小僧》という存在を知らなかった。そういう姿のものがお化けであるという概念がそもそもなかったと思われる。ならば私が想像で生み出したのか、あるいは本当にそういうものを見たのか。

「家に《一つ目小僧》がやって来る」

そんな伝承が自分の暮らしている地域にあると知ったのは、この体験の十数年後だ。


十二月八日と二月八日の事八日。

関東地方では、この日は夜中に《一つ目小僧》が家に来ると言われていた。

これは病気などの厄を家に運び込む不吉なもので、障子の穴から家の中を覗きこんで、良い目玉を持つ子どもを見つけると目玉を取っていくとか、さらっていくという話もあった。

人々はその来訪を避けるため、「目カゴ」やザルを引っかけた竿を玄関に立てる、というのは《メカリバアサン》と同じ理由である。

私の見たものが夢か幻か本物かを確かめるすべはないが、一つ目のお化けを見てからすぐに母親が原因不明の栄養失調で骨と皮のようになってしまったのは、どうなのだろう。まだ三十代半ばなのに老婆のような姿に変わり果て、入院して何年も家に帰ってこられなかったのは、どうなのだろうか。

あの夜に私の家は、窓からのぞき込む一つ目のお化けに厄を運ばれたのではないのか。

当時の家族写真を見ていて思い出したことがある。

母が老婆のような姿になり出した時、眼帯をつけていることが多かったのである。

その夜に来たのか

川崎区の鋼管通《こうかんどおり》には姥ヶ森弁財天《うばがもりべんざいてん》がある。

昔、ここに姥ヶ森という弁天を祀る森があった。この森にはかつて新田義貞《にったよしさだ》の寄進した、約九百メートルの馬場と御手洗《みたらい》の池があったという。

明治末期に励行された神社合祀により、弁財天は新田神社の境内に移され、その跡地は旧日本鋼管に通じる道に面していたことから地名を「鋼管通」と変更された。地元住人はこれに反対し、「姥ヶ森町内会」を結成。現在は町内会館の隣に弁天様を祀り、御手洗池の跡である井戸を守り続けている。

毎年八月から行われる川崎山王祭《さんのうさい》では、「孔雀」「玉」の男女二基の大神輿《みこし》が姥ヶ森弁財天の前に着くと、この井戸の御神水を必ずかけていく。これをせねば怒った神輿が暴れ狂い、無事に納まらないという不思議なことが本当にあったのだそうだ。

地元の人たちに「バンバ森」と呼ばれていた姥ヶ森。ここには不気味な言い伝えがある。

姥ヶ森の馬場で馬競べをやっていた日。そこに子連れの老婆がやって来た。馬競べは今でいう競馬で、騎乗して速さや馬術を競い合う神事である。目の前で馬が走る姿を見て興奮したのか、子どもは躓《つまず》いて転んでしまった。倒れたところに石でもあったのか。子どもの片目はぐしゃりと潰れ、この怪我が元で死んでしまう。

その祟りだろうか。姥ヶ森や御手洗の池に棲む生き物は、みんな片目になった。蛙も、蛇も、魚も、虫も。

捕まえて見ると、みんな片方しか目がないのだそうだ。

片目を失ったのは老婆だという話もある。

山王祭の神輿に載せるため、老婆が御神体を背負って移動させていた。この時、何かの拍子にふらりときて、近くに生えているお茶の樹のほうへとよろよろ。枝の切っ先が老婆の目にずぶりと刺さった。

片目を失った老婆は絶望するあまり、御手洗の池に身を投げてしまう。

それからというもの、池の周りに棲む虫はどれも片目になったという。

このことから、川崎には一時期、お茶の樹を育ててはならぬという禁忌があった。

また、家の庭に池を掘ってはいけないともいわれた。池を作った家はどういうわけか、栄えることがないのだそうだ。


森や池の生き物すべての目を奪った二人の祟りは凄まじいものがある。

だが、いくらその地に祟ったとて自分と同じ片目が増えただけ。心虚しくはないのか。

いや、それを望んでいたかもしれない。

みんな自分と同じになればいい。同じ片目になればいいと。

だから、来たかもしれない。覗き込んでいたかもしれない。残ったほうの目を大きく見開いて、夜な夜な人の家の障子の穴から。窓から。

目が一つしかない子どもが、老婆が。

怪老婆と謎の老人

川崎で老人の姿をした怖いものといえば《メカリバアサン》だろう。

これは家に訪れる「招かれざる厄」のひとつであるが、この他にも目的不明・正体不明の怪老人たちが川崎の地で語られていた。しかもこれらは大昔の話ではなく、わりと近代の目撃談として記録されている。迷信の類と弾くのは勿体なく思い、目撃のあった場所周辺の地域情報と併せて列記してみる。

麻生区の小田急線百合ヶ丘《ゆりがおか》駅の北側に、布子坂《ぬのこざか》と呼ばれる坂がある。

市発行の資料では高石一丁目にある旧津久井道《つくいみち》の坂であり、日中は南に日を受けて暖かい場所だったそうだが、夜に通ると「不気味な音がする場所」としてこわがられていた。

ザク、ザク、ザクザク。

そんな、小豆を研《と》ぐような音がしたのだという。

近くの山に髪を振り乱した鬼婆のようなものが住んでいたといい、《小豆とぎ婆あ》と呼ばれ、坂の怪音はこの怪老婆の仕業と考えられていた。

同区を流れる麻生川《あさおがわ》は桜並木で知られるが、昔、この川に網打ちにいった人が、《小豆とぎ婆あ》とみられるものと遭遇し、恐ろしさで逃げ帰ったという話がある。

また昭和二年には、この怪老婆による盗難被害も出ている。

麻生川に中川戸という川越の場所があった。ある女性が親戚の家に魚の干物を届けようと中川戸付近を通りかかると、突然どこからともなく老女が現れた。そして女性の持っていた干物を奪ったので、仰天した女性は履き物が脱げても構わず、そのまま裸足《はだし》で逃げ帰り、その後も生きた心地がしなかったという。

この老女の怪は中川戸のあたりに棲んでいたとも言われており、夜になると小豆を研ぐような不気味な音がするので彼女が立てているのだといわれ、その噂は上麻生地区中に広まっていたという。

現在、老婆が突然現れたというあたりは住宅が立ち並んでいるが、目撃されていた当時は雑木や竹が茂って鬱蒼《うっそう》としており、とても寂しげな場所であったそうだ。

場所は変わって幸区の小倉《おぐら》。

ここでは昭和の初めごろまで、村の辻などに公徳箱《こうとくばこ》というものが設置されていた。なんのために置かれていた箱なのかはわからないそうだが、大正末期からあるものらしい。おそらく、未舗装の道に落ちている陶片や硝子《ガラス》片、釘や針金といった危険なゴミを拾って入れるためにあったものだという。「公徳」というくらいだから、気づいた人が拾って入れるための社会奉仕的な意味合いの箱なのではないかとのことだ。

この公徳箱の付近には、村の人たちが大変恐れる老女が出た。

彼女の名は《サラナゲ婆さん》。

いつもは真竹の生える竹藪の中にいて、そばを通ると姿を見せたということだが、なぜなのかゴミを拾って公徳箱に捨てなければ、この老女が出てきて皿を投げつけてくるといわれて恐れられていたという。「サラナゲ」とは「皿投げ」であろう。

小倉の隣の地区である江ヶ崎《えがさき》に住んでいた私は、昭和五十年代にも公徳箱のようなものを見ている。それは一斗缶《いっとかん》であったが、丁字路、三叉路《さんさろ》などに置かれていて、中になにかの鉄片や硝子片や針金などがよく入っていた。

婆さんは出なかったが、この一斗缶には「交通事故で足がもげた幼稚園児の血の付いた靴下が入っている」といった怪談話があり、私は怖くて近づけなかったものだ。

小倉の地誌に《カジヤ》という老人の記録がある。

幽霊でも妖怪でもなく生きている人なのだが、謎めいた存在なのだ。

《カジヤ》が名前なのか、職業の「鍛冶屋《かじ》」なのかもわからない。

ある「地蔵尊」を管理していたと思われる人物で、その地蔵尊が末吉橋《すえよしばし》付近の橋場《はしば》という場所にある《あぐり地蔵》であった。首から涎《よだれ》掛けをつけて頭巾をかぶり、子どもの姿をしている背の高い地蔵尊である。一見、普通の地蔵様だが、その名前に特別な力があると考えられていた。

小倉地区には《アグチャン》と呼ばれる子どもたちがいた。本名ではなく、あだ名である。彼らは医者も諦めて見捨てるほど体が弱く、早死にしてしまうと思われていた子どもたちであったが、七歳まで《アグチャン》と呼ぶことで丈夫に育つと言われていたのである。《アグチャン》はもちろん《あぐり》から取られている。

問題はこの地蔵尊ではない。

昭和三十一年に八幡社《はちまんしゃ》と天王社を合祀して建てられた小倉神社。ここには、川崎のあちこちで祟りを起こし、人々に死や災いを招いていた、ある存在が祀られている。

あの《第六天》である。

近づき触れるものをあまねく祟り、迷信と笑う者に容赦なく禍《わざわい》を降りかからせる存在。

元々は同地区の別の場所にあったものだが、なんらかの理由で小倉神社に移されたものであるという。

小倉の《第六天》も、やはり手の付けられぬほど恐ろしい存在と考えられ、住人は近寄ることができず、これを祀る場所へは草刈りにも行けぬほどであったという。もし近づこうものなら、たちまち祟りが降りかかり、病気になって、果ては死に至ると言われていた。

だから近づく住人はいなかったのだが、なぜか《カジヤ》だけは、《第六天》に近づいても祟りをうけないと言われていた。

なぜ、この老人だけが例外なのか、土地の伝承にも残っていないのだそうだ。

骨をやわらかくする

麻生区で行われた民間調査の記録に、子どもの頃に葬儀を見たという女性の懐古談がある。詳しい年代の記載はないが大正のことと思われる。次のような話だ。

近所のおじいさんの葬儀だった。

湯灌《ゆかん》の際、畳に筵《むしろ》を敷いて桶に水を張り、湯を注いで逆さ水の微温湯《ぬるまゆ》を作った。体と棺を十分に洗っておじいさんの納棺作業に入るのだが、これがずいぶんと大変だった。

寝棺は板をたくさん使うので金がかかるということで、おじいさんは座棺に入ることになっていた。遺体が座した状態で入る棺だ。しかし、いくら遺体を湯の中で揉みほぐしたといっても、硬直が完全に解けるわけでもなく、また小さな座棺に座らせた状態で無理に押し込むのでなかなか難しい。遺体からはゴキゴキと骨の鳴る音がし、それは離れたところにいても聞こえるほどだった。

このおじいさんは背が高かったのか、かなり入れづらかったようで、首を横に曲げねば蓋も閉められぬ状態であった。その様子を見ていたら痛そうで、自分が死んだ時は寝棺がいいなと思ったそうだ。

「オンアボーキャーベロシャノー」

四苦八苦の納棺のさなか、大人たちが口を揃えて念仏を唱えだした。

遺体の骨を軟らかくする念仏なのだという。

たくさんの線香を焚いて、大人たちが念仏を唱え続ける。

不思議なことにこれをやると遺体の骨が柔らかくなり、素直に遺体が納まってくれたのだそうだ。

この「遺体の骨をやわらかくする念仏」のことを私はまったく知らなかった。他に類のない珍しい風習なのかと調べてみるとそういうわけでもなく、他県ではあるが幾例か出てきたので己の不勉強を恥じた。

やはり座棺に入れる苦労はどこにもあったようだ。ある地域では、湯灌や納棺をするあいだ、他の者たちは隣室で特別な経を唱えたといい、それを唱えると不思議と硬直した遺体の四肢がすんなりと曲がって座棺に入れやすくなったのだそうだ。

座棺による埋葬が行われていた時代だからこその風習なのだろうが、どれくらいの地域で行われていたものなのか。そして、遺体の骨をやわらかくする念仏とはいったいなんなのだろうか。

麻生区

ケカチ山

ネットで王禅寺に心霊スポットがあるという情報を見かけた。そういう場所を探しているわけではなかったのでスルーしようと思ったのだが、王禅寺という地名は気になっていたので、古くからある土地の伝承や謂れのある場所のヒントでもあればと少しだけ覗いてみた。だが、求めていたような話はなかったので自分で調べてみることにした。

すると、興味深い地名が出てきた。

現在も地名が残っているが、麻生区の東南部は王禅寺村と呼ばれていた。

そこに真福寺谷戸《しんぷくじやと》という場所があった。村の西部にある大きい谷戸で、中央に真福寺という寺があったが明治二年に廃寺となっている。

その付近に《ケカチ山》という、気になる名を持つ山があった。

これは祟る山だった。

とくに土地の持ち主に祟ると言われていたらしい。謂れもある。

昔、この山で博打打ちが仲間に斬り殺されるという事件があり、その怨霊が祟っているのだそうだ。

これはこれで微妙に感じた。

ギャンブラーの霊が人の土地に祟るというのもなんだか腑に落ちない。殺された理由は知らないが、多分ろくなものではないだろうし、どうも自業自得感が否めないのだ。

そこで地名の由来を調べてみると、ケカチは飢渇の転訛《てんか》で飢饉のこと。江戸期に大飢饉で大量の死者が出て、この山がその葬地となった可能性があるという。

博打打ちの霊どころではない話が出てきた。

この山の付近にある地名も気になった。

《ケカチ山》は島田と般若面という土地の境にあり、その上に《死人坂《しぶとざか》》という坂があった。ここは中世の戦乱の際に死者を運んだ坂とも、あるいは流行り病で多くの死者が出た時に焼き場へと死体を運んだ道ともいわれているようだ。

現在はそこに「島田生長の森緑地」という公園ができており、不吉な地名は完全に抹消されてはいるものの、今でも雰囲気が不気味だという声がネットにあった。

麻生区

キツネだったのか

農業協同組合のコミュニティ誌に見られる奇妙な話。

大正末期、麻生区高石の農機具メーカーに勤めていた男性の体験である。

その日は仕事が立て込んで、帰る頃には時刻は深夜の一時をまわっていた。

包みを小脇に抱え、県道（神奈川県道三号世田谷町田線）を通って高石の尾根を上がり、現在のN中学校付近の小丘にさしかかり、まもなく細山地区にある自宅という時だった。

南のほうの空から、直径三十センチほどの光る球体が現れた。

それはものすごい勢いで男性の頭上あたりに向かってくる。

太陽のようにまぶしい強い光を放っていたため、夜道が昼間のように明るくなった。

光る球体は十数メートル頭上で停止すると一層光を強め――。

パァッと砕け散った。

頭上から火の塊《かたまり》が降り注ぎ、このままでは焼け死ぬと恐れた男性は動けなくなる。だが、すぐ我に返ると自宅方面へと必死に走った。

走っている途中、これはきっとキツネの仕業に違いないと考える。

当時はまだ、不思議なことが起きれば狐狸の仕業と考えるのが自然であった。

そこで男性は持っていた包みを光の砕け散った方へと投げ、脇目もふらずに走った。包みの中身は魚であった。キツネに追われ、これ以上化かされないための苦肉の策である。

途中、振り返って様子を見てみたが、光の砕け散った場所は夜闇に塗り潰され、なにも見えなかった。

翌朝の出勤時、同じ場所を通ったがそこには自分の投げた魚が散乱しているだけで、昨夜に見た異常な出来事の痕跡はなにも残っていなかったという。

実際のキツネは人を化かさない。

ならば、男性がキツネの仕業だと思い込んだこの体験はなんだったのか。

この光る球体が目撃された付近の細山では、他にも〝キツネ〟にまつわる不気味な記録残されている。

麻生区

危険な遊戯

昭和の頃、コックリさんをしていた学童らが突然発作やパニックなどを引き起こし、救急搬送されるという事件が多発した。そのため、同遊戯を危険視して禁止する学校まで出てくるほどの社会問題となり、同様の事件は平成に入ってからも起きている。

報道にあるように心因性の集団ヒステリーだったのか、あるいは本当になにかが児童らにとり憑いたのか、その真相は不明だが、これより記す二事例は後者に近いと思われる。

トウカミ（細山）

前話で謎の光球が目撃された現場に近い細山《ほそやま》地区。

この地域で流行っていた《トウカミ》というものがある。

コックリさんはその場に呼び出した霊的なものと文字盤を使って交信する遊戯だが、

《トウカミ》は一人の児童に憑依《ひょうい》させ、とり憑かれた状態の児童と問答を繰り返す。

これはただの〝ごっこ遊び〟ではなく、時には大人も参加するような一種の儀式であり、実際に何かにとり憑かれたとしか思えないような話も残っている。


細山の人たちは紛失物があると「トウカミの時に訊いてみよう」といった。

これをやる日時は話し合いで決めるという。

日時が決まれば次は《ナカザ》という重要な役目を決める。

《トウカミ》の中心となる役で、これはなぜか児童にしかできない。しかも選ばれるのは、性格のおとなしい、運動の苦手な、言い方は悪いが児童の中でも弱者と呼ばれる者になる。

次は《ナカザ》に幣束《へいそく》を持たせて目隠しをする。他の者たちは《ナカザ》を中心に囲んで輪になり、「トウカミ、トウカミ」と呼びだす。

「トウカミエミタマエカンオシシソンダケン」

こう唱えると《ナカザ》の持つ幣束がバサバサと揺れて踊り出し、なにかが《ナカザ》に乗り移る。その状態になると皆で質問をはじめ、とり憑いたなにかは《ナカザ》の口を使って答える。この時、明らかに口調も変わるのだそうだ。

問答が終わると帰ってもらうための儀式になるのだが、これがまた変わっている。

憑依したものを喜ばせるための余興をするのだ。

何をしてほしいかと訊ねると、歌や囃子《はやし》を所望されることもあれば、とり憑いたものが自ら歌いだすこともあったらしい。この時、《ナカザ》役の児童が急に障子《しょうじ》の桟《さん》をのぼったり、屏風《びょうぶ》の上に乗ったりといった奇怪な行動をとったという。

憑いているものが離れると《ナカザ》はバタッと倒れる。正気を取り戻した本人は、問答した内容や奇行の記憶がまったくない。

これは無事に終えた場合である。

参加した児童が壊されてしまうこともあった。

《トウカミ》が怖いのは「嘘は厳禁」ということだった。

いつまでも《トウカミ》が降りてこないことに焦って、憑いているふりなどをしようものなら、その児童はたちまち罰をうける。憑依を演じてしまった《ナカザ》役の児童が、急にエヘラエヘラと笑いだし、どうしようもなくなったという話もあるという。

本来《トウカミ》は稲荷《いなり》様をとり憑かせることが目的だが、実際はなにがとり憑いているのか、わからないそうだ。「天狗《てんぐ》」が憑くと荒れるともいわれているが、これも本物の天狗であるはずもなく、得体のしれない霊のようなものをそう呼んでいたと思われる。

オカマギトウ（長尾）

ＪＲ南武線久地駅から徒歩十二分ほどの場所に、東名高速道路に掛かる《喜津根橋《きつねばし》》がある。古くは「狐坂」と呼ばれ、付近には下原《しもっぱら》石仏群という延命地蔵を中心に石仏を集めた史跡があることで知られている。

この橋のある多摩区長尾では、児童にキツネを憑依させる遊戯が流行《はや》っていた。《オカマギトウ》という。

正月、節句、お盆、彼岸の中日、児童らは辻に集まると、妙楽寺の住職に幣束をもらいに行く。そして《ナカザ》を決めるとその幣束を持たせ、囲んで輪になる。ここまでは《トウカミ》とほぼ変わらないが、呼び出すものが違う。

児童たちは《ナカザ》を囲んでぐるぐる回りながら「カメノコ山のおフクさん、お花遊びにいらっしゃい」と繰り返す。「おフクさん」が来なければ、《チョンボリ松のおハナさん》を、《ツルガヤイトのシモリさん》をと、名を変えて呼びだし続ける。

やがて、幣束がガサガサと震えだし、《ナカザ》に何かが乗り移る。

「ようこそお遊びになりました、お歌を歌ってくださいな」

そう呼びかけると《ナカザ》は望まれた歌をなんでも歌う。

知る由もない大人の歌まで即座に朗々《ろうろう》と歌い上げる異様さであったという。

幾度かやり取りを繰り返しているうちに《ナカザ》はばったりと倒れる。その背中に「水」の字を指で書くと《ナカザ》は正気に戻るが、幣束が揺れだした以降のことを何も覚えていないのである。


呼び出しの言葉にある「カメノコヤマ」とは、向ヶ丘《むこうがおか》遊園地の大観覧車のあった場所のあたりで、チョンボリマツは五所塚《ごしょづか》、妙楽寺《みょうらくじ》、タイヤ工場付近の丘陵部にあったと思われる松の木だという。ツルガヤイトは鶴ヶ谷で、向ヶ丘遊園のボート池の奥にあった萱《かや》葺《ぶ》きの建物のことである。

いずれもキツネの棲《す》み処《か》とのことだが。

はたしてキツネだろうか。キツネが人の歌など歌うだろうか。

児童らが呼び寄せて、とり憑けて、言葉を交わしているものは、キツネのふりをしているだけで、住民がそう銘打っているだけで、もっと違うものなのではないのか。

三つの場所には、なにがあるのだろうか。

狐坂

先の話で触れた多摩区長尾の《狐坂》では、不思議な女が現れたという記録もある。

当時、この坂の上には民家が十数軒、坂の下には七、八軒しかなく、とても寂しい場所であった。坂の片側は渓谷、もう片側は山丘、狭い山道なので女性や子供が歩くのは危険な道であった。

Bさんはその日、親戚に嫁取りがあって登戸まで行っていた。その帰り、土産にもらった鯛《たい》の折り詰めや赤飯などを積んだリヤカーを引いて、この道を歩いていた。

坂の上り口まで来た時だった。

「うしろをおしてあげましょう」

ふいに女性の声が聞こえた。振り返ると若い女性がいる。

誰かと思えば、どうも嫁取りの席で見たような顔である。

帰り道が同じなのだろう。ここはありがたく厚意を受けることにし、リヤカーを押してもらった。坂の上にある自宅へ着いて、そこで初めてリヤカーが軽いことに気づいて振り返るとすでに女性の姿はなく、積んでいた食べ物はなくなっていたという。

《狐坂》で起きたことだから、女性はキツネが化けていたということだろうか。

次の話は、この坂の上にある別の家で起きた出来事だ。


寒い日の夜のことだった。

その農家の家の小さい子どもが、「おしっこにいきたい」と母親にいう。

便所に連れて行くのは面倒だと、横着して縁側からさせようとした。

寒い夜風が吹く中、外にチョンと出してさせる。真っ暗な夜の闇を前に子どもは落ち着かない様子で、怖さと寒さに縮こまったか、なかなかおしっこが出ない。

だが、障子にお祖母さんの影が映っているのを見たら安心したようで、「しー、しー」とやると声に合わせておしっこが出た。

「つめたいよ」急に子どもが叫んだ。

キツネが冷たい手でお尻を触っていた。

障子に映っていた影は消えていたという。

河川敷に下がる

多摩川は人々の暮らしには欠かせない水源であった。

交通・流通の重要な幹線であり、この川なくしては始まらなかった産業もある。

川崎の歴史年表を見るといつも荒ぶって水害を引き起こし人々に迷惑をかけている印象だが、当然穏やかに共存していた時期もある。

戦時中は食糧不足を少しでも解消しようと、河川敷の荒れ地を畑にする家も増えたという。草の根を取り砂利をのけ、固い岩地を耕し、なんとか畑にするのだ。

砂地もどんどん開墾し、河川敷の荒れ地はほぼ残らないくらいに畑ができた。

とくに栽培されたのは麦で、かぼちゃもよく育てられた。だが、多摩川はいつ荒れるかわからない。増水や洪水時に決壊の恐れもあるので堤防近くは避けるべきだったが、先のことなど考える暇もなく付近の住人は無心に畑を作っていたという。

畑が増えると河川敷での作物の買い出しや、物々交換といった交流も増えていった。

多摩川沿いで生み出された農産物の記録を見ると、どの畑も非常に肥えていて優良野菜の産地であったらしい。特にゴボウ、にんじんのような根菜は良いものが収穫されていた。よく豆類も栽培されており、多くの家で大豆が育てられていた。それを煮て味噌豆とし、自家製の味噌を作っている家もあったそうだ。

そんな当時を知る人たちに行われた聞き取り調査の資料に、多摩川縁《べり》に住んでいた頃のちょっと怖い思い出語りがあった。

年代は不詳だが、おそらく明治初期かそれ以前のことと思われる。

多摩川が荒れて、流域で大規模な洪水があった年のこと。

河川敷にはあらゆるものが流されてきて堆積していた。

上沼部という土地にあった豆腐屋までもが流されてきたという。

豆腐屋は河川敷の大豆畑に流れ着いていたといい、夕方にその場所を通るのは怖かったそうだ。

豆腐だから豆が恋しいのか。

豆の木に豆腐屋がぶら下がる、そう言われていたからである。

河川敷の豆の木は人間がぶら下がるほど高くはない。

だから下がったのは、豆腐屋の生首なのだろう。

豆腐屋のあった上沼部とは、多摩川を越えた先の東京地区。そして豆腐屋が下がったという河川敷はおそらく下沼部であり、川崎市中原区になる。幾度もの洪水で流路が大きく変わったことにより、下沼部は神奈川に編入された地域なのだ。

地名にある「沼部」は古くは「沼目」で、川の氾濫原である沼が多かったことが由来と言われている。

上の沼から下の沼へと流された豆腐屋は、夜な夜な首だけでぶら下がりながら何を思っていたのだろうか。

高圧線心中

明治二年に初めて東京・横浜間に電線が仮設された。

針金で遠くのことがわかるなどキリシタンの魔法に違いない、きっと処女の生き血が塗ってあるのだと、一部の人々は電線を魔物扱いしていたという。

あんな細い線を伝って運ばれてくるものが、見上げるような機械に命を宿し、音や声や映像を遠くへと運び、町中に灯る明かりになるというのは確かにすごいことである。当時の人たちが魔法と考えるのも無理はない。

それに高圧線から送られてくるのは、なにも電力だけではないのだ。

昭和六年に開通した、多摩川下流に架かるガス橋。中原区上平間《かみひらま》から東京都大田区下丸子の間にあるパイプラインの動脈である。

昭和三十八年、この橋の下で一人の女性が事件に巻き込まれ、殺害されている。

被害者は市内の工場に勤めていたＩさん（二十歳）。死因は扼殺《やくさつ》による窒息。抵抗した形跡がないことから、犯人は面識がある者とされた。胃の残留物の消化状態から、犯行時刻は前夜の十時前後であるとわかった。

なぜ彼女が、こんな目に遭ってしまったのか。

Ｉさんの兄による証言が記事として残されている。

Ｉさんは十八歳の時、二十二歳の兄と一緒に福島から川崎に出てきた。相次いで両親を喪って先行きが不安になり、まだ若いうちに貯金をしておこうと考えた兄妹は親から遺された田畑を地元の知人に任せ、親類が経営する川崎の電機会社を頼ってやってきたのである。

二人で四畳半を間借りし、兄は電機会社、Ｉさんは電子回路を作る工場に勤めた。どちらも研修期間ということもあり、二人合わせても稼ぎは月に一万三千五百円。家賃で四千円も引かれるので貯金どころか生活するのも厳しかった。

その後、兄は電機会社の社長の斡旋で配線工としてＫ配電に入社。Ｉさんも増俸し、やっと狭いアパート生活から脱することができた。少しずつだが貯金も増えていき、二人は充実した都会生活を送れていた。

そんな平穏な日々が狂いだしたのは、Ｉさんが同僚Ｓと恋愛関係になってからだった。

当時、Ｓは二十三歳。ハンサムで外面はおとなしそうだが、あまり良い噂は聞かなかった。ギャンブル好きで女性の出入りも多く、逮捕歴こそないが、いつ警察の世話になるかわからないというのが周囲からの評判であった。

初めてＳと対面した時は、腰が低いが蛇みたいな陰性を彼から感じたので好感は持てなかった。この時から何かを予感していたのか、どんなに妹が信じていても兄は、Ｓだけはどうにも受け入れられなかったという。

Ｓの評判が良くないのはＩさんも知っていたようだが、彼に恋愛感情を抱いたそもそものきっかけが、入社してまだ間もない不安な時に親切にしてもらったことだった。だからそこまで悪い人間だとは思っていなかったのである。

一度そうなってしまったら外野が何を言っても届かない。いずれ本性がわかるだろうと兄はしばらく見守っていたのだが、その結果、最悪の事態を招くこととなった。

Iさんが妊娠したのだ。

兄はすぐにSを呼び出し、責任を取るよう厳しく釘を刺した。激しい剣幕にSは「必ずお気持ちに沿うようにします」と恐縮しながら約束した。

ところが。

責任を取るどころか、Sはガス橋の下でIさんを殺害し、逃亡したのである。


事件の翌々日。兄妹宅に熱海局消印の手紙が届いた。

Sからだった。

手紙にはIさんを殺害したのは自分であるということと、結婚する気がないことを責め立てられたので殺してしまったという身勝手な殺害動機が綴《つづ》られていた。

そして、こうなったからには謝罪の意をもって自殺すると――。

Sの性格をよくわかっていた兄は手紙の内容を信じず、偽装自殺を疑った。

警察は熱海でSを捜索したが見つけることはできず、それから二年も消息不明となった。

事件未解決のまま捜査本部は解散。妹の骨は故郷の福島へ帰り、兄はそのまま川崎に残り、やがて他の支社へと転勤になった。

七月某日、午前。

兄は職場で、稲荷神社付近で感電焼死人があるとの報せを受けた。

切れた高圧線が垂れており、そのそばに人の焼死体があるのだという。

稲荷神社付近の高圧線は兄が赴任してすぐに担当した現場である。

急いで現場へ向かうと、田圃《たんぼ》にかかる細道に切れた高圧線が垂れ落ちている。

そばには千五百ボルトを全身に流したであろう焼死体が、硬直した姿勢で転がっていた。

やがて警察が来て、兄は高圧線の応急処置をはじめる。

横目で焼死体の顔を見た兄は愕然《がくぜん》とする。

焼死体はSだった。

あまりにも不可解な死だった。

高圧線が切れた原因は不明。現場の状況や遺留物から、Sが自殺を図って高圧線を切ったとも考えられない。死ぬならもっと手っ取り早い方法がいくらでもあったはずだし、あの男が自殺などするはずもない。なんらかの偶然が働いて切断された高圧線が、たまたまその下を通ったSを襲って死に至らしめたのである。

しかも、それは兄が張った高圧線であった。

兄の深い悲しみと強い憎しみが高圧線に宿って、大蛇のようにSを捕らえたのか。

高圧線を伝ってやってきたIさんが、Sを黄泉《よみ》へと連れて行ったのだろうか。


川崎の隣、横浜市の鶴見区でも「高圧線怪談」がある。

鶴見区潮田の夫婦が、栃木県河内郡《かわちぐん》の森の中で東京電灯会社猪苗代《いなわしろ》高圧新線鉄塔の高圧線に触れ、夫は右腕に感電して即死。妻は高所から転落して腰など数カ所を折る重体となった。二人とも同電灯会社の社員に発見された。

夫婦は旅館で一泊し、華厳《けごん》の滝に身を投げたが失敗。その四日夜に事故現場の鉄塔まで来たという。

心中をしようとしたのであるが、その理由が不気味であった。

夫には以前に結婚を約束した別の女性がいた。その女性が現在の妻との結婚を恨んで、毎夜、幽霊となって寝床に現れるから――とのことだった。

消防署のアベック幽霊

中原消防署玉川《ぎょくせん》出張所。

昭和五十五年五月一日に中原区北谷町《きたやちょう》に新築された鉄筋三階建てである。

この施設内に男女の幽霊――《アベック幽霊》が現れた。

稲川淳二《いながわじゅんじ》氏の怪談「消防署の怪」で知った人も多いのではないだろうか。

昭和五十七年発行『週刊読売』の記事がとくに詳しいので、他資料からの情報も併せながら次に略際する。


騒動の発端は昭和五十六年、消防士副士長Oさんの不思議な体験だった。

十月二十九日の午前二時ごろ。宿直当番だったOさんは二階の宿直室にある二段ベッドの下段で仮眠していた。

急に右胸に抱きつかれたような気配を感じ、慌てて起き上がろうとしたが、同時に左足の先のほうから人がベッドに入ってきたような感覚を覚えた。夢とも現実ともつかない感じだったが、右胸に抱きついてきたのは女性と感じ、足元から入って左大腿部を圧迫してきたのは男性のような感触であったそうだ。この時は声を上げようにもあげられなかったが、夢かもしれないと思ったので翌朝、同僚には冗談めかして話していたという。

この二日後の三十一日午前四時ごろ。

Oさんは再び宿直室のベッドで女のようなものに圧《の》し掛かられた。そばにいる同僚に電灯をつけてもらおうと呼ぼうとしたが、金縛りのように動くことができず声も出ない。

この時、明け方の仄明るさの中、初めて女と男の姿を見た。

二人はOさんを見つめたままベッド脇から窓際の壁までの三、四メートルを「ツーッ」と移動し、吸い込まれるように消えたという。

女は和服姿で中肉中背。丸顔で優しい感じの美女だが無表情。顔をやや右に傾け、逆光で撮った白黒写真のように見えた。

男のほうは三十五、六歳。上半身が裸で、たくましい体躯《たいく》をしていた。面長《おもなが》で髪を七三に分け、どこか厳しい表情をしており、昭和の初め頃にいそうな佇まいであった。二人とも「足はなかった」という。

翌五十七年一月、この件を消防署の会報に寄稿すると、署員の中から自分も体験したという声が次々とあがった。「夜明け近くに金縛りにあった」「半透明の姿を見た」「白昼に両足を掴まれた」という声の中に、当直のたびに三度も〝アベック幽霊〟に襲われたという者もいた。その報告によると女は二十八歳くらい、乱れ髪に青白い顔で和服を着ており、寝ているると抱き着いてきた。男のほうはがっしりとした体格で、毛布の上から圧し掛かってきたという。

このほか、二十代の消防士が「あくまでも感じ」だと感覚的な接触だったことを前置きしたうえで、同年一月二十七日の午前三時ごろに〝視た〟のは、足も顔もない性別不明の胴体だけの幽霊だったと言っている。窓のブラインドがガサガサと音をたてるので目覚めると、そういう人影がベッドにもぐりこんできた。金縛りに遭って息苦しくはあったが、あまり恐怖は感じなかったそうだ。

これらの話を総合すると、《アベック幽霊》は五十五年の六月くらいから目撃されていたようで、十三人もの署員がなんらかの奇妙な体験をしていることがわかったのである。

　これは放っておくことはできないということになり、二月初旬に本署あてに詳しい報告書を作るとともに対策を練った。そして地元の消防団だった人物の紹介で厚木市内の祈祷《きとう》師にみてもらうと、ここには強い霊がいるので「百日間続けて供養しなければだめだ」と言われた。さすがにそこまで時間を割く余裕はないので中原区内の寺に相談したところ、いくつかの条件付きで供養塔を作るように言われた。そして出張所脇の空き地に一メートル四方の穴を掘り、川砂を入れ、言われたとおりの供養塔を作ったのだそうだ。

　加えて二月二十二日には経を唱えてもらっており、あまりに強い霊なので一人では無理だと三人のお坊さんがやって来たという。そして署内の九つの部屋に「御守護」と書いた守護札を貼ってもらい、毎月一日と十五日を供養日と決めて花を供えるようにしてから奇妙な出来事はなくなったらしい。供養塔など諸々の費用は署員有志の寄付によるもので、「御線香代」と書いて貼ったインスタントコーヒーの空き瓶に寄付を募っていたそうだ。

　なぜ、ここまで騒ぎが大きくなってしまったのだろうか。

　実は幽霊騒ぎが起きたのは、これが初めてではなかった。

中原消防署玉川出張所の旧庁舎は昭和三十四年三月六日に開庁し、それと共に約二十メートルの火の見櫓《やぐら》も建てられていた。これらが出来てまもなく、真夜中に火の見櫓を上っていく白い和服姿の女が目撃されている。また、誰の姿もないないのにカタン、カタンと足音が上っていくのが聞こえたという話もあった。

これらは降ってわいた噂ではなく、前触れもあった。

旧庁舎と火の見櫓の建設工事現場から、大量の人骨が出ていたのである。

それゆえ当時を知る近隣住人たちは、《アベック幽霊》の騒動にも「また出たか」という反応だったそうだ。ちなみに十三人の署員が奇妙な体験をした仮眠室の位置は、ちょうど火の見櫓の建っていたあたりだという。

問題は大量の人骨は、どこの誰のものだったのかということだが——。

庁舎のあった土地は、日蓮宗平等山法田寺《にちれんしゅうびょうどうざんほうでんじ》の墓地に隣接していた。

では、工事中に出てきた人骨は同寺の昔の檀家のものなのかというと確証はない。あるいはこの土地に元から埋められていた無縁仏のようなものかもしれず、それを判断する材料がないようなのだ。

しかも、人骨が出たのはこの一度だけでなかった。

五十五年、火の見櫓を取り壊して新築工事をした際、セメント袋二つ分の人骨が出ているのである。

法田寺の話では、この新庁舎の建設時に出てきた白骨については何の相談もされてはおらず、その後どうなったのかも不明とのこと。供養の件も法田寺側は何も聞かされていないようで、別の寺に頼んでいたこともわかった。この幽霊騒ぎもその人骨の処置に問題があったのではないかと厳しく指摘している。

私がとくに関心を持ったのは、この地域を古くから知る八十代男性の取材記事だ。法田寺周辺は、昔は田んぼであり湿地だったそうで、土葬だった頃の遺骨が土中で動いて工事現場下まで移動したのではないかというのだ。十分にありえる話である。またこのあたりは「砂利掘り」で栄えた町なので、流れ者の無縁仏も多いという。

私はふと、玉川出張所の「玉川」とは多摩川のことだったたと思い出す。

「砂利掘り」とはなにか。

多摩川流域の砂利採掘は歴史が古く、江戸時代からあった。

とくに戦後、震災後の復興および都市開発には大量の川砂利が必要になり、採れば採るほど稼ぎになる。川崎・立川《たちかわ》間を結ぶ南武線ができたのは、もとは砂利を運搬する南武鉄道ができたことからであり、この交通路ができたことで町は発展していった。

仕事と金を得る目的で各地からたくさんの人間がこの地にやってきたが、その中には住所不定、国籍不明と素性のわからぬ働き手も多かった。そんな彼らは死後、この地で無縁仏として埋葬されていたのだという。

実は本件の記事を読んで、《アベック》という言葉に私は違和感を覚えていた。「男女の二人連れ」の意味なので言葉の意味は間違ってはいないのだが、やはり恋人や夫婦といった関係の男女というイメージが強い。

和服姿の美女に、半裸のたくましい男。

恋人や夫婦と見るには、いささか不釣り合いな容姿の二人である。

あるいは二人は夫婦でも恋中にある関係でもなく、縁もゆかりもない男女の組み合わせなのではないだろうか。

和服姿の女性はおそらく、旧庁舎の工事で出てきた大量の白骨の一人で、寺の墓地に埋葬されていた人物ではないだろうか。火の見櫓で目撃された女幽霊と同一人物と見ていいだろう。火の見櫓以外で目撃されたという記録は見つけられず、四十二年の旧庁舎の増改築時にも何か起きたという話はなかった。きっとこの女性は火の見櫓という場所を気に入り、そこに落ち着いたのだ。

ところが五十五年、その安住の場所は取り壊される。

するとその年、再び着物の女性は姿を現した。今度は男を連れ添って。

この上半身裸の男は、現れ始めた時期から見て、新築工事で見つかった二体の人骨の一人と考えられないだろうか。

彼は砂利採掘にやってきた「流れ者」ではないかと私は考えている。

男の特徴に「昭和の初めにいそうな」風貌と記事にあったが、多摩川の砂利採掘が最盛期を迎えたのは大正末期から昭和初期と時期も合う。なにより、その格好だ。砂利掘り人は上半身が裸で、「ハンコ」と呼ばれるパンツ一丁の姿になって、ジョレンという道具で砂利をすくっていたという。風来坊ゆえか粗野な性格の人間が多く、彼らの無遠慮で乱暴な採掘が流域の人々の暮らしにかなりの悪影響を及ぼし、問題視されていたらしい。消防署員らへの乱暴なふるまいも「らしい」行動といえるだろう。

面識もない二人は仲睦まじいアベックではなく、たまたま同じ時期に同じ場所で、それぞれの感情を発露させていただけにすぎず、互いの姿も見えていなかったのではないか。

中原消防署玉川出張所は平成二十年に廃止となっている。

お化け灯篭

宮前区宮崎にある社会教育施設「川崎市青少年の家」。

かつて、この場所は将校集会所であった。

ここには《お化け灯篭《とうろう》》と呼ばれるものがある。


昭和十五年。宮前区の馬絹《まぎぬ》、梶ケ谷《かじがや》、土橋《つちはし》、上作延、下作延に住む農民たちが小学校に集められた。学校の周りには憲兵の姿も見られ、異様な緊張感が張り詰めていた。

そこに陸軍中佐が現れ、付近一帯を軍用地にするため接収すると皆に告げた。

軍も可能な限り援助はするから、一年以内に徹去して移転せよとの命令である。

反対の声をあげられる者など一人もいなかった。

撤去命令の出た地域の住人たちの仕事は家財の移動だけでなく、墓地を掘り起こし、先祖の骨も移さなくてはならなかった。

軍は他にも宮崎、向丘《むこうがおか》、菅生《すがお》などを含めた六百町歩をただ同然で買い取ったという。

昭和十七年。陸軍東部六二部隊と言われる近衛第二師団の補充隊が、東京赤坂から川崎の地へと移駐してきた。

その移転の際、一基の石灯籠も一緒に運ばれてきて、将校集会所の庭に据えられた。

ずんぐりむっくりとした寸詰まりな姿は、帽子をかぶって大口を開けた顔にも見える。

この石灯籠が夜な夜な動き出すという噂があった。

赤坂にあった頃、夜になると好き放題に町中を徘徊していたらしいのだ。

そのため、勝手に動き出さないようにと下半分を地面に埋めてしまった。

寸詰まりに見えるのは、そういうことのようである。

あるいは、燈篭の脚の部分を切ってしまったともいわれている。

この《お化け灯篭》は、現在も変わらぬ姿で残されている。

近年では、夜になるとこの灯篭の上になにかが立つといった噂もあるそうだ。

宮前区

ぜんしん、おきろ

宮前区土橋《つちはし》の鎌倉街道を見下ろすO家の墓地に茅葺のお堂があった。

ここでは墓守地蔵というものが祀られていた。

このお堂には時々、諸国を巡る行者や坊さんが泊まり込んでいることがあった。

ある頃から、四国の霊場をまわってきたという善心という坊さんが泊まっていた。

善心はこのお堂内で〝奇妙な出来事〟に遭遇している。


秋口の冷たい風の吹く夜、それは始まった。

「ぜんしん、おきろ。ぜんしん、おきろ」

善心がお堂の中にいると、外から誰かが呼びながら戸を叩いてくる。

寝てなどいない。だが、人目を極力避けるようにしていた彼は出なかった。

すると次の日の夜も——。

「ぜんしん、おきろ。ぜんしん、おきろ」

戸を叩かれる。彼は出ない。

だが次の日も。その次の日も。ぜんしんおきろ、と戸を叩かれる。

これは普通ではない。いよいよ善心は恐ろしくなった。

何日目かの夜、「ぜんしん、おきろ」と来たので、戸の隙間からそっと外を覗いた。

毎晩、自分の名を呼び、お堂の戸を叩くのは誰なのか。

ひとではなかった。そこにいたのは、一匹のタヌキである。

タヌキは前脚で逆立ちをし、己の尻尾で戸を叩いていたのだ。


これは「ずいとん和尚」「ずいとん坊」という昔話と同じ話である。

タヌキやキツネが尻尾で戸を叩いたり擦ったりし、そうやって悪戯する音が自分の名を呼ぶ人の声に聞こえていたという国内の広い範囲に分布する話だ。

ただ、この話は結末がまったく違う。


ある朝、善心は死体となって発見される。

まるで沢庵《たくわん》でも切り刻むかのように滅多切りにされた、それは無残な状態で。

その惨状を目の当たりにした土橋の住人は、こう噂した。

彼は過去に殺人を犯しているのではないか。その供養のために出家し、四国霊場を巡った後、墓守をしながら殺めた者の冥福を祈っていたのではないか。それが被害者の遺族の知ることとなり、復讐されてしまったのでは、と。

善心が見た、まるで民話に出てくるような光景は彼の幻覚だったのか。

それとも、夜な夜な彼のことを呼んでいた〝なにか〟は実在していたのか。


この話は昭和六十三年に墓地の所有者であるO家の人から採話されたものである。O家の先祖が直接、善心本人から聞いていたのだろうか。

「文化五年六月　皈寂一戒善心沙弥位」

O家の墓地には、このように善心の名を刻んだ墓碑があるという。

その墓碑が現在どこにあるのかは調べが及んでいないが、彼が過ごしたお堂に祀られていたものではないかと思しき墓守地蔵は《土橋地蔵堂》にある。

これは木造の延命地蔵尊座像で、堂内には他に閻魔大王像もあるそうだ。

井戸坂

影向寺《ようごうじ》の裏に井戸坂《いどざか》という急な坂がある。寺は宮前区野川だが、この坂は高津区千年《ちとせ》に位置する。坂の両側が藪になっていて、じめじめと湿気もひどく、雰囲気も寂しい。そんな場所だからか、不気味なことがよく起きたと言われている。

夜、この坂を通っていると、向こうから老人がやってくる。「こんばんは」と挨拶をすると、老人は煙のように消えてしまう、そんな話がある。

また、坂を通ろうとすると、なぜか道が塞がっていて通れなくなっていて、困っていると忽然と道が現れて通れるようになったという不思議もあった。

牛に襲われかけたという物騒な話もある。なぜか坂に牛だけが立っていて、角を振り立てて向かってくるという。これと遭って大声で助けを求めながら逃げた人がいたが、気がつくと牛は消えていたそうだ。

昔は、井戸坂にムジナのような化かすものがいると考える人もいたようだ。

そんな場所なので夜はめったに人が通らないそうで、近年も「暗くて怖い」という地域の声が区にたくさん届いているという。

浄水場周辺

埋甕

宮前区菅生の潮見台浄水場。この一角には縄文《じょうもん》期の集落があったと考えられている。その痕跡は昭和四十四年に行われた浄水場建設と宅地造成に伴う事前調査の際に発掘され、のちに潮見台遺跡と呼ばれた。

見つかったのは、複数の住居跡や火葬墓であった。住居群の中央は祭祀の場であったと思われ、それぞれの住居の出入り口付近からは甕型土器が一個から三個、埋められているのが見つかっている。《埋甕《うめがめ》》と呼ばれるものだった。

市の総合文化団体の資料に発掘時の写真がある。上部が割れて土が詰まっていたため、中に何が入っていたかはわからない。同資料によると甕には胎盤《たいばん》を入れていたか、死んだ幼児の骨を入れていたらしい。

胎盤を入れて埋める理由は、埋めた場所を踏むと子どもが丈夫に育つと考えられたからだといわれている。

そして死んだ幼児の骨を埋める理由は、埋まっているところを母親が跨ぐと、死んだ子どもの霊が母親の胎内に再び宿るという考えから生まれた呪術なのだそうだ。

強い願いによる呪術を纏った子どもの死骨。

この上を通った人たちは、これまでどれくらいいるのだろうか。

目が開かぬ森

同じく宮前区菅生には危険な森があった。

生田緑地に隣接する長沢浄水場の東南にある台地一帯を《天王台》といった。

牛頭天王の小祠《しょうし》があったため、一帯の森を《天王森》とも呼んでいる。

このあたり一帯の木立を伐ることは固く禁じられていたという。

伐れば祟りがあるといわれていたからなのだが、どの時代にもその手のものを迷信だと笑う者はいるもので、御多分に漏れずこの森にもいたずらに禁を犯す者が現れた。

しかし皆、笑ったことを後悔した。木を伐った者はことごとく祟られたからだ。熱病に罹り、不可解な怪我をし、本人だけでなく家族にまで不幸が及んだということが実際にあったそうだ。

また、子どもがこの森に入ると不思議な現象に見舞われた。涙が出て、目が開けられぬようになるのである。

それを恐れて子どもはけっしてこの森に近寄らなかったそうだ。子ども相手でも森の祟りは容赦《ようしゃ》がない。

とんかつ豚次

豚次は元々は土手の近くで営業をしていた老舗《しにせ》だった。二代目の時に店の真ん前に河原町団地という川崎区で最も高層の団地ができた。住民が増えればお客も増えるだろうと家族はワクワクしていたという。

だいたいの入居が済み、落ち着いてきた頃、厭なことが起き出した。

――自殺である。

「道が付くって云うのか……なんか最初に始まったら、それこそぽつりぽつりと。なにしろどこから見ても高いし、目立ちますからねえ」店主のOさんは暗い顔でそう云った。

酷い時には毎月のように落ちたと彼は感じていた。

と、ある時、事件が起こった。

「うちで食事をした直後に飛び降りた人がいたんです」

しかも間の悪いことに、その夜は店がいつになく満席に近かった。

「カウンターで相席をしていた客が飛び降りた人を偶然、屋上に上る非常階段の途中で目撃してたみたいで」

最後の晩餐が豚次だったとの話がアッという間に広まってしまった。

それに……とOさんは続けた。

「その噂のせいなのか……」

別の飛び降りも、やはりそこで食事をしてから実行した。

そんなことが立て続けに起きた。

そうなると話に尾ひれの付いた〈店にまつわる怖い話〉が始まった。

「なんか出前を頼もうとウチに電話をすると聞いたことのない女の悲鳴がするとか、夜中に真っ暗になった店内に人魂が浮いていたとかですかねえ」

が、そんな時、Oさんのおふくろさんが不安定になった。店で接客中に突然、耳を押さえて蹲《うずくま》ったのだという。

その様子に客は青ざめた。おふくろさんはイヤダイヤだ！　と云って外に飛び出し、Oさんが慌てて連れ戻す騒ぎになった。

「結局おふくろは、そのまま店を出るのは止めちまったんですけれど」

なにかあったのかと聞いたが、疲れ切った顔で〈あんたは知らないほうが良い〉とでも云う様に「なんでもないよ」とだけ返事をした。

店はOさんと父親だけで回すようになった。

「丁度、良い具合に客足も減ってきちゃって。ふたりで十分でしたよ」

その頃には店で食事をする客も、ランチ以外ではいなくなってしまった。が、そうしている間にも食事をしては飛び降りる客は止まなかった。

「イヤになるのは警察が、飛び降りがあると真っ先にウチに聞き取りに来るようになったことでしたね。なんだか最後の晩餐屋のお墨付きみたいで……あれは参りました」

そのうちにOさんたちは常連以外の客が来ると緊張するようになった。

「しかし、あんた飛び降りるつもりですか？　なんて聞くわけにもいかないし」

釣り銭を受け取らずに出て行ったり、神妙に美味しかったと礼を云う客などには特にぞわぞわした。

「ある日、いつものように仕事が終わり、店の掃除をしてから親父と呑もうということになったんです」

おふくろさんは当時、鬱が深まったため、入院をしていたという。

ふたりは酒を酌み交わすうちに店の将来のことについて話した。Ｏさんは継ぐと云い張ったが親父さんはこの店は験が悪い、もう無理だと云った。そのうちにやるやらないで口げんかに発展した。既に時間は二時を過ぎていたという。

「なんか売り言葉に買い言葉みたいになった時、親父がこの野郎ってわたしの胸ぐらを掴んで立ち上がったんです。その途端、バーンと地べたをひっぱたくような、物凄い音が地響きと共に起きたんです。もう少しで腰が抜けそうでした」

音は店の入り口でした。ふたりが凝《じ》っと全身を耳にして気配を感じていると、曇り硝子の扉の向こうで何かがむっくりと起き上がるのが見えた。まるで黒い粘土がむくむくと人の形になるようだったという。

そしてそれが入り口の向こうに立った。曇ってはいたが硝子越しに確《しっか》りと見えた、とＯさんは云った。

「扉がカタリ、カタリって音を立てるんです。少しずつ少しずつ開けようとしているのがわかりました……」

その時、Ｏさんを突き飛ばすようにして親父さんが駆け出した。

止める間もなかった。

「莫迦野郎！」

そう云って扉を開けた途端、【げひゃあ】と一声上げ、何かに突き飛ばされたかのように尻餅を付くと倒れてしまった。

Oさんが駆け寄ると既に気を失っていた。辺りには何の人影もなかった。ただ店のショーケースを覆っていたブリキの覆いに、赤い掌《てのひら》が付いていたのをOさんは確かに見たと告げた。

両親はそのまま引退したので、豚次は場所を変えてOさんが引き継いだ。

親父さんはあれ以来、一切、肉に手を付けなくなってしまったという。

六郷怪談

六郷川橋梁《ろくごうがわきょうりょう》は東京大田区六郷から川崎市幸区堀川町にかけて多摩川に架かる鉄道橋で、京浜東北線や東海道線など主要ターミナルを繋ぐ幹線が通っている。

ここがまだ六郷鉄橋と呼ばれていた昭和九年に奇妙な出来事が起きていた。

五月十三日午後九時五十二分ごろ。桜木町駅発・省電（都市部の近距離専用電車線）上野行き二一六号電車が六郷鉄橋に差しかかった時だった。

運転士は前方に女性が佇んでいるのを発見した。

慌てて急停車したが、どういうわけか女性の姿は消えている。

ただ、橋脚に真新しい御召縮緬《おめしちりめん》の袷《あわせ》着物だけが引っ掛かっていた。貴人が着るような、とても高級な着物である。

現場に到着した川崎の警察署員が調べたが、付近には轢断《れきだん》された遺体なども見つからず、多摩川への転落の可能性も考えて捜査をしたが発見には至らなかった。

その後、運転士が女性を目撃した現場から二百五十メートルほど離れた橋桁に、石筆で書かれた「○部廣江」という名前が見つかった（一部伏せている）。残されていた着物、名前の書き置きが消えた女性と関係があるかはわからず、死体も発見されなかった。

翌日、この奇妙な出来事は《鉄橋から掻き消えた女》の見出しで読売新聞に掲載された。


この記事を一読し、幽霊じみた見出しだが、ただ遺体が見つからなかったという記事なのではないか、怪談として紹介してもいいのかと悩んだ私は、消えた女性と「○部廣江」についての続報がないかを探してみた。

すると同年七月四日発行の東京朝日新聞に、六郷鉄橋で起きた飛び込み事故について触れている記事が見つかった。

先の消えた女性とは別の話である。


七月二日の午後八時二十七分、同鉄橋の蒲田区（現在の大田区南部）高畑町際で、二十歳のタクシー運転手が飛び込んで死亡した。

さらにその数時間後の七月三日の午前零時十分ごろ。同じ現場で同じ電車に、また人が飛び込んで死んだ。先ほどのタクシー運転手の飛び込む瞬間を目撃して憂鬱になっていた運転士が、上野駅で折り返して桜木町に戻り、再び上野駅に向かう途中のことだった。

「さっきの事故があったのはここだったな」と現場に視線を振ると、そこに盲縞（紺色無地で細かい縞《しま》柄）の単衣の老人が、先のタクシー運転手と同じ姿勢で飛び込むところだった。

　同じ運転士が同じ電車で、わずか数時間の間に二度、飛び込みの現場に出くわしてしまったのである。

　亡くなった老人は懐に俳句集のみを所持しており、その中には意味深な辞世の句らしきものがあった。

『不幸の子私刑に食はれてあきらめろ』

　消えた女性についての情報はなさそうだ。

　諦めかけていた私は、次の一文を見つけて思わず声が出た。

『この現場は去る五月以来三ヶ月の間に五六人の自殺者があって省電乗務員を嫌がらせて居る』

「五月以来」とは、例の消えた女性が目撃されて以来ということか。俄然《鉄橋から掻き消えた女》が怪談じみた話になってきた。飛び込む者は線路沿いにある柵の抜けている箇所から入り込んでしまうらしく、六郷土手の付近にある墓場の死者にとり憑かれたのだろうと四日の記事は締めくくられていた。墓場があることは知らなかった。

他にも何かが起きているかもしれない。引き続き、六郷鉄橋付近の記事を探した。すると、色々とでてきてしまった。

昭和元年（明治十五年）の三月に橋の下の砂原で、大工の男が兄弟子を丸太で撲殺している。同年五月には、川崎蒲田間を移動中の電車に乗っていた中年男性が、突然、帽子や下駄を脱ぎ捨てて窓から飛び降り、重傷を負った。

昭和二年十二月には前夜に飛び込んだと思われる若い商人風の男性の遺体が見つかり、昭和四年七月には土手で遊んでいた幼児がはねられ、昭和六年には妻子持ちの男性が芸者と飛び込んで心中している。

昭和七年には着物を着たホステス風の身元不明の女性の遺体が見つかっている。遺書はなかったが、懐に男性からの手紙を所持していた。その手紙には心中を拒絶したことによる文句が書かれていた。このホステス風の女性が発見された同時刻、六郷鉄橋の下の川で二十代の男性の溺死体が発見されており、こちらは水泳中の溺死とのことで件の女性とは関係がないらしい。

昭和八年にも松葉杖を持った三十代男性の遺体が見つかっている。そして昭和九年に《鉄橋から掻き消えた女》が目撃され、同じ運転士が二度の飛び込みに出くわすという事故が起きた。

昭和十年五月には僧侶姿の若い男性が数珠を握り締めたまま亡くなっている。「仏様の裁きを受けなければならない」と書かれた遺書を残していた。同年九月には洋傘を持った首のない遺体が見つかるなど、挙げきれないほど出てきてしまった。

そのような場所であったなどと、きっとほとんどの人が知らないまま毎日、通勤通学の電車に揺られているのだ。

これらの記事を読んだ帰りの電車で六郷川橋梁から見下ろしながら、六郷土手付近にあったという墓場についても調べなくてはと思った次第だ。

トランクの中には

川崎駅周辺の再開発前なので、三十年以上前のことである。

中学生だったSさんは、友人と三人で発売したばかりのゲームソフトを買いに行った。

その帰り、現在のラゾーナから西口通りを自宅方面に向かって自転車で移動していると、誰が言い出したか競走が始まった。ゴールは解散場所の陸橋である。ビリは次回遊ぶ時、みんなにジュースを奢らなければならない。

こういう勝負事が苦手なSさんはさっそく出遅れて最後尾となった。それでもビリだけは免《のが》れようと全力でペダルを漕いでいたが、南幸町の交差点手前で曲がってきた自転車と出合い頭に衝突してしまった。

相手は二十代後半くらいのスポーツウェアを着た女性で眼帯をつけていた。どちらもぶつかった衝撃で自転車から投げ出された。

肘《ひじ》や膝《ひざ》を派手にすりむいて、Sさんは痛みで動けなかった。

一方、女性のほうは怪我をしてはいなかったが、ものすごい剣幕でSさんに怒りをぶつけてきた。これから予定があるのにどうしてくれるんだと少し涙ぐんでいるので、よほど大事な用事があったものと思われた。

見ると女性の乗っていたロードバイクはハンドルが不均衡な角度に曲がってしまっていて、とても乗れる状態ではない。

この事故は完全にSさんに非があった。スピードの出し過ぎである。

親や学校に報告されるのは恐かったので、そうはならないように相手の求める形で責任をとらなくてはいけないと思った。だが女性は怒りで早口になっていたので、何を言われているのかわからない。自転車を弁償しろと言われているのか、予定が台無しになった責任をとれといっているのか。

住所と電話番号を聞かれたので正直に答えた。

「どうしてくれるの？」と詰め寄られても平謝りしかできず、Sさんは泣いてしまう。

女性は公衆電話で迎えに来てもらうよう誰かに頼むと、それを待つあいだ、自分の自転車を起こして他に故障がないかを調べていた。そうしているうちに少し冷静になったのか、Sさんに言い過ぎたことを謝ってきた。自分もよく確認せずに（角から）出てしまったから、君だけが悪いんじゃないよ、と。

優しい言葉をかけられたことで、Sさんの涙はさらに込み上がってきた。

そうしているうちに、女性と同年代くらいの男性が車で迎えに来た。

だが、どうも女性の様子がおかしい。

自分で呼んでおいて「だれ?」という反応なのだ。

どうも、呼んだ人とは違う人物が来たようなのだ。

男性がなにやら身振り手振りで説明すると、女性は微妙ながらも納得はしたようで、Sさんのもとに来ると「ごめんね、もう帰っていいよ」といわれた。

男性はSさんを一瞥すると女性を手伝ってトランクに自転車を積みこみ、二人の乗った車は異様に甘い芳香剤か何かの匂いを残して去っていった。

この様子を離れたところで見守っていた友人らが戻ってきた。

「いまのヤクザ?」

そう訊かれたので、怖いお姉さんだったけど最後は優しかったよと答える。

「ちがう、ちがう」

男性のほうだという。

目つきと態度はあまり良くなかったが、別にそんな感じには見えなかった。

どのへんがそう見えたのかと訊くと「トランクの中を見なかったのか」と驚いたような反応をされた。何を驚かれているのか、まったくわからない。

驚きを過ぎたら怒ったような呆れたような態度で、友人の一人が言った。

「おまえ、さらわれてたかもしんないんだぞ」

男性がトランクを開けたら、中に人が入っているのが見えたというのである。

それを見てSさんが連れていかれると思って焦った友人らは、まわりの大人に助けを求めようとしたのだが、行動する前に相手の車がSさんを置いて去って行ったので安堵したのだという。

こっぴどく怒られて落ち込む自分を慰めるための冗談かと思ったが、友人らはいたって真剣で、「本当にあれを見てないのか、マジで?」と逆に疑われてしまった。

あの状況ではトランクの中など気にする余裕はなかったが——。

もし中に人や人の形をしたマネキンのようなものが入っていれば、さすがに気づいていたはずだ。女性だって何らかのリアクションをとったはずである。

「あれは人形じゃないって」

絶対に人だったと友人らは譲らなかった。性別はわからないが、全裸で仰向けになって片ひざを折った姿勢で、下腹部の毛まではっきり見えていたという。

あの状態で動かないならあれは死体だったんだよと、二人とも唾を飛ばして訴えてくる。

そんなことを言われると、やはり男性が迎えに現れた時の女性の反応が気になる。

「だれ?」という表情が。


その後の女性の安否が気遣われる不思議な話である。

きゅうり禁忌

○○を作ってはいけないという作物禁忌は日本の各地に見られ、県市町村編纂の民俗資料を開くと二、三例は載っている。トウモロコシ、ショウガ、カボチャ、果物など作ってはいけない種類も理由も様々で、その土地や特定の家に代々語られる伝説と関係している場合や、発祥譚の伝承が断たれて禁忌だけが残っている記録も多い。落人伝説、信仰などと結びつく例もよく見る印象だ。

地域にもよるが川崎にはキュウリを作らない禁忌がとくに多いと感じる。キュウリを禁ずるというと京都の祇園祭が浮かぶ人もいるだろう。こちらは「作らない」ではなく「食べない」ほうで、その理由もキュウリを切った断面が八坂神社の御神紋に似ているので「食べるなんて畏れ多い！」ということから、祭りの期間中のキュウリ断ちをするのである。

だが、川崎でのキュウリを禁ずる理由は切実なケースが多い。

幸区小倉には、キュウリを食べてもいいが、作ってはいけない家がある。仮にO家とする。この家と同じ苗字が町内に十件ほどあり、すべて家紋はキュウリであるという。

O家は小倉にある八雲神社の氏子であり、八雲神社の前の社名は牛頭天王社。天王様といえば先の八坂神社の祭神である。ならばキュウリの家紋というよりはキュウリに似た三つ巴の家紋なのかと思われるが、それでもO家ではこれをキュウリの紋として掲げる必要がある。禁忌を破ってしまったがために、その報いを受けた親族がいたからだ。

禁を破った人物は二人いた。

二人は自分の家の畑でキュウリを栽培したのだ。おおかた、作物禁忌など迷信の類、大昔ならいざ知らず現代までそんな悪習を守り続けるなど馬鹿らしい、そう考えたのだろう。

だが、O家の禁忌は本物であった。

キュウリを作った一人はすぐに死亡し、もう一人は目が潰れてしまった。

身内に不幸が出てしまったO家では、キュウリ作らずの禁を一層厳しく代々伝える必要があったのだ。

中原区上丸子ではキュウリは作ってもよい。

ただ、その年に初めて生ったキュウリは食べず、川へ流さなければならない。キュウリに限らず、こうした初生りの野菜を川に流す習わしは日本各地に見られるが、川崎はやはり圧倒的にキュウリが多い。

川崎の川といえば多摩川だ。この暴れ川に寄り添って生きる地域の人々の川へ抱く恐れは並々ならぬもので、それこそ江戸時代の頃から幾星霜を経て治水に尽力してきた。だが、川の脅威は荒れ狂う流れや堤防の決壊だけでない。

幾度も多摩川の洪水を体験し、その度に犠牲者の亡骸を目にしてきた川沿いに住む人たちは、遺体の肛門が〝開いていた〟と語る。《河童《かっぱ》》である。

独特な表現だが、これは正しく言い表している。

私は水死した動物の肛門が開いているのを幾度か見たことがあるが、本当に人の腕がずっぽりと入るほど開いており、空洞な腹の奥が見えるまでに広がっていたのだ。

そんな姿から昔の人々は、水死者が河童に引き込まれて尻子玉――つまり内臓を丸ごと抜かれたのだと考えた。だから水難除けとしてキュウリを川に流す習わしを始めたのである。キュウリは河童への捧げものだったのだ。

多摩川流域に住む子どもたちはこの川を六郷と呼んで、盛んに泳いでいた。六郷はそんな子どもたちをよく気まぐれに呑み込んだ。そして二、三日後に吐き出して返す。引き揚げられた遺体の肛門はよく開いていたという。

我が子を同じ目に遭わせないため、住人は初生りのキュウリを子どもに渡すと筆で自分の名前を書かせ、多摩川に流させた。大正の頃は「河童の供養をしないうちは六郷で泳ぐことはできない」と大人から教わっていたほどで、子どもたちは夏休みが近づくと自分の名を書いたキュウリを懐に隠し、人に見つかってはいけないのでこっそりとそれを川に投げ込んでいたのだそうだ。

今では多摩川で泳ぐ人はほとんどいないので河童による被害も聞かないが、川崎の川のそばではまだ怪しいことは続いている。

帯のようなもの

幸区南加瀬《みなみかせ》に住んでいたSさんは、二十年くらい前に見たものが忘れられない。

当時Sさんは付近のマンションに両親と住んでおり、休みの日などは川べりの道を家族で散歩することがよくあった。矢上川と鶴見川の交わる手前の向かいに自動車学校のあるあたりで、道に沿ってガードパイプがあるのだが、そこに帯のようなものがたくさん絡まっていたことがあった。

喩《たと》えようのない複雑な色をしており、生臭《なまぐさ》いような嫌な臭いがしていた。そのあたりの地面が濡れて、水が少し溜まっている。血ではないようで、地面の濡れた染みは川の方に続いているようだった。

帯のようなものに近づいてよく見ようとしたが、親に背中を押されるまま帰ってしまった。あとで聞くとあれはなにかの動物の腸《はらわた》だという。なぜ腸だけがあんな場所に引っ掛けられていたのかと母親がひどく気味悪がっていたそうだ。

その現場からいくらも離れていないY中学校付近で、私も似たものを見たことがある。これも二十年以上前のことなのでうろ覚えな部分もあるが、空き地か資材置き場のような場所に鉄条網が張られていて、そこにまるでクリスマスの飾りつけのように細長い腸が引っ掛かっていたのだ。なぜそれが腸とわかったかは覚えていないが、記憶の後付けでなければそばには本体であるクックタクタの猫の死骸もあったように思う。一緒に見た父は猫が車にはねられたのだろうと言っていた。これはこれで別の話へと繋がるのだが、本旨からはずれるので下略する。

二十年ほど前、隣り合うそれぞれの地区の川附近で見られた、引きずり出された腸。やったのは変質者か。車に激突した衝撃で飛び出たものか。他にどんな理由が考えられるだろう。あとはそんなことを好んでするのは、もう河童ぐらいしか思いつかないのだ。

矢口の渡し

川崎区渡田《わたりだ》に新田《にった》神社がある。

祭神は新田義貞《よしさだ》。境内には義貞像と家臣の一人である亘新左衛門《わたりしんざえもん》の墓の五輪塔がある。この新左衛門は越前で討ち死にした義貞の三つの遺品を、渡田の地に持ち帰って祀ったという人物でもある。

多摩川を挟んで東京都大田区矢口にも新田神社がある。こちらでは義貞の息子・義興《よしおき》を新田大明神として祀っている。

元旦と七月二日の晩、渡田では必ず馬の嘶《いなな》く声が聞こえるといわれている。それは義興の軍馬の声であり、矢口から多摩川を渡って父の霊前へと義興が参りにきているのだと地元では伝えられているそうだ。

新田義興といえば《矢口《やぐち》の渡し》の悲劇が有名である。

矢口の渡しは鎌倉時代にあった大井宿と平間宿のあいだの渡船場で、東海道を繋ぐ。

正平十三年／延文三年（一三五八年）、義興はここで、敵側に寝返った家臣の竹沢右京亮《たけざわうきょうのすけ》と敵方の豪族江戸遠江守《えどとおとうみのかみ》に謀殺されたと言われている。

だが直接手をかけたのは、当時の渡し守だった頓兵衛《とんべえ》である。

義興と十三人を舟に乗せて多摩川を渡っていた時、頓兵衛はあらかじめ舟底にあけておいた穴の栓を抜くと、自分は川に飛び込んで岸まで泳いで逃げた。

義興は溺れ死ぬ間際、矢口の村を呪い、こう叫んだという話がある。

「カッテンボで全滅するぞ」

カッテンボとは身体が崩れていく感染症である。その病で村が滅ぶと予言したのだ。

この矢口の渡しの事件以降、矢口村では「光り物」が現れるようになる。

それから村ではカッテンボに罹る者が絶えなかった。

「光り物」は義興の亡霊だと恐れられ、病は怨霊が呼び寄せたのだといわれた。

当然、頓兵衛も呪いからは逃れられず、この病で体が崩れていって死んだ。彼の代わりに渡船場の渡し守になった者も必ず、この病に罹ったという。

そのため、川を渡りたくても渡し守がいない場合が多く、対岸の渡し舟を呼ぶので矢口の渡しは一時、《オーイオーイ渡し》と呼ばれていたそうだ。

矢口村は病禍が鎮まることを祈願し、また犠牲となった頓兵衛たち渡し守の霊を鎮めるため、《頓兵衛地蔵》を建てた。

ところが義興の恨みは物凄まじく、地蔵の目も耳も鼻も溶かし、下半身もぐずぐずに崩してしまい、何度直しても同じことになった。だから別名を《とろけ地蔵》と言うそうだ。

平賀源内《ひらがげんない》の書いた浄瑠璃《じょうるり》「神霊矢口渡《しんれいやぐちのわたし》」では強欲な悪役であった頓兵衛だが、一説では、この地蔵は罪を悔いた頓兵衛自身が建てたとも言われており、現在も武蔵新田駅と下丸子《しもまるこ》駅の間にはこれを祀った地蔵堂がある。

怨霊譚の舞台となった矢口の渡しだが、多摩川大橋ができる昭和二十四年まで使われていたといい、中原区上平間あたりに繋がっていたそうだが、川崎には《平間の渡し》という渡船場もある。武田信玄《たけだしんげん》の小田原攻めの記録に「矢口の渡しを船にて稲毛の平間という所へ渡り」とあるので、航路は同じでも渡船場の呼び名が川向こうとでは違っていたのかもしれない。義興は今も、多摩川を渡って川崎の地へと来ているのだろうか。

オサヨナライ

旧正月の一月二十三日。この日は四時頃に干潮となり、必ず北風が吹く。その風を川崎区殿町《とのまち》ではオサヨナライといった。

オサヨという女性が漁に出て、三浦三崎の沖でナライの風に流されて死んで以来、この風をそう呼んで人々は恐れたのだという。

この日は軒に目カゴを出し、できるだけ外へ出ないようにしたそうだ。

これは教育委員会の発行している漁撈《ぎょろう》習俗調査報告書にあるもので、大師河原の調査記録に見られる俗信である。

ナライは北風。オサヨは人名。オサヨナライとは「オサヨの北風」という意味になる。目カゴは、目を粗《あら》く編んだ籠のこと。関東で軒《のき》に目カゴを出すといえば十二月八日と二月八日の事八日である。この日に目カゴを外に出しておくことは一種の魔除けであり、厄をもたらす妖怪を追い返す目的があった。だがオサヨのような海難死者が、このような形で不吉な存在のように扱われる例は極めて珍しいと言える。

殿町の住人は、命日に冷たい北風とともにやって来るオサヨの死霊を恐れていたのか。あるいは単に海を荒らす北風を恐れ、この日を漁に出ない日としたのか。

まず、オサヨという人物について知る必要があった。

三浦三崎は神奈川県三浦市の町で、三浦半島の西南。そこで死んだ彼女の名が、なぜ川崎の地で恐れられる対象となっているのかがわからない。オサヨの死体が川崎まで流されてきたと考えればいいのだろうかと調べてみたが、これがまったく記録がない。

実はオサヨという人物は実在せず、台風に人名が付けられるように、漁師が海を荒らす北風を擬人化して名付けただけなのでは。そう諦めかけていた時、たまたま何気なく開いた資料のなかに、あったのである。

川崎区の観音という土地にある《潮音殿《ちょうおんでん》石観音》。その社寺内にある《海中溺死者男女塚》という供養塔について書かれた記述が。

それによると、天明五年三月七日、三浦半島の城ヶ島《じょうがしま》の村を出た船が難破し、溺死者二十七名が大師河原の浜に流れ着いていた。

その中に「さよ」という若い娘の名もあるというのである。

先の調査報告書のオサヨナライの話は、大師河原で調査されたものだ。その地に三浦から流れ着いた「さよ」という名の若い女性の遺体――。

この「さよ」は、殿町の人々が恐れるオサヨナライの「オサヨ」ではないのか。


さっそく石観音へ行って《海中溺死者男女塚》の供養碑を確認した。

だがそこに「さよ」の名前はなかった。

海難犠牲者の名は何人か見られるが違う名前である。

石観音の供養塔について詳しい資料にあたってみると、天明五年（一七八五年）三月七日、遠藤野（現在の観音町）付近の海で遭難事故が起きていた。

相州三浦郡城ヶ島村（現在の三浦市）と、その付近の男女を乗せた船が江戸へ赴く途中、大師河原沖で難破し沈没。乗っていた十三名の男女が溺死していた。

地元の人が伝えるところによれば、三浦郡の娘たちが江戸へ屋敷奉公にあがるため、付き添いの男女とともにこの船に乗っており、その航行中の事故だったとのこと。

大師河原村で十三人の遺骸を引き揚げて持ち物などを調べたところ、三名の名前と城ヶ島あたりの人だということまではわかったが、他はどこの誰かもわからない。

身元の判明した人の遺族に伝え、それから十三人中、城ヶ島村、鴨居村、川間村の女性四人と男性三人の住所・名前がわかったものの、あとの男性一人と女性五人は遺族が名乗り出ることもなく、なにもかもが不明のままであった。

この遭難騒ぎは村々に伝わり、大師河原は遺体の処置に困っていたが、石観音の堂守が境内に埋葬しようと名乗り出たそうだ。建てられた供養碑には「天明五巳年」「三月七日」「海中溺死男女塚」「相州三浦郡鴨居村」「同城ヶ島村川間村」と刻まれ、犠牲となった「すて」「きち」「志け」といった人物の名前もあるが、ここにも「さよ」の名はない。

実際のところ娘たちの屋敷奉公の話も本当だったかは微妙であるらしい。天明の飢饉の真っただ中なので、それどころではなかったのではないかとのこと。また、そこまで離れていない土地なのに遺族が引き取りにこず、無縁仏のように埋葬されたことも謎である。

犠牲者の数も二十七名ではなく十三名だったのも気掛かりなので調べると、このような話が見つかった。

三浦の城ヶ島に竜の棲む淵があり、そこの見張り人を「さち」といった。

台風が来る兆しがあると、さちは大声で村に伝え、漁師たちは彼女の声を聞いて漁に出るのを止め、船を浜に引き上げた。

そんな彼女が嫁ぐことになった。

天明五年三月六日。さちと二十六名を乗せた船が港を出た。すると城ヶ島淵から竜が出て、旋風や雨を引き連れて彼女の乗る船を追いかけた。

明けて、七日。溺死した二十七人の遺体が大師河原の浜に流れ着いた。


当然、実話ではないだろうが、三浦発の船に乗った複数の海難被害者の遺体が大師河原に流れ着いたことは事実なのだろう。この話が人々のあいだで語り継がれていくうちに「台風を伝えるさち」は不吉な北風《オサヨナライ》の俗信に変わったのかもしれない。

ここで《オサヨナライ》の調査を終えるつもりだったが、この話は三浦側には伝わっていないのかが気になりだしたので調べてみると、こんな話が見つかった。

横須賀市の堀《ほり》ノ《の》内《うち》駅の車庫の下には、以前まで墓碑があったという。

このあたりの村は半農半漁で、村人は漁をする傍ら畑仕事をして生計を立てていた。

ある夜、激しい嵐が来た。翌朝に雨は止んだが、まだ風は強く波も高い。漁には出られないので畑仕事をしていた。

すると波の音に交じって大勢が話しているような「がやがや」という声が風で運ばれてくる。気味が悪くなった村人たちが浜へ行ってみると、そこにはおびただしい水死人が漂着していた。

村人たちは付近にある泉福寺に彼らを埋葬してもらい、墓碑を建ててもらう。

以来、地面の下の死者たちが呼び寄せるため、水死人はみんなこの地の浜に流れ着くようになり、同じ場所に埋葬されたのだという。

やがて、この水死人の流れ着くあたりは埋め立てられ、毎年八月二十四日に《浜施餓鬼《はませがき》》の供養をするようになった。海の無縁仏の供養である。

この墓碑が建てられた安永十年（一七八一年）から、たった四年後の天明五年（一七八五年）に三浦の海難者が川崎に流れ着いて供養されているのだ。

奇縁を感じずにはおれない。

川崎区

D病院の夜

二十年ほど前、仕事中に段差を踏み外して右足首を骨折したSさんは、川崎区の市電通り沿いにあるD病院に運ばれた。

欠けたくるぶしに骨接ぎの手術をしたのだが、足が浮腫《むく》んでしまい、数日は痛みで眠れなかった。痛みが落ち着いてくると車椅子を借りて、院内のあちこちを巡ってみた。

フロアの角に小さな娯楽スペースがあり、比較的元気そうな患者がそこに溜まって本を読んだり将棋をしたり他の患者と談話したりと暇を潰している。同年代の女の子でもいればと期待していたが自分より二回り、三回りも年上の女性ばかりで、仕方なくテーブルに積んである半年くらい前の週刊誌をぺらぺらめくっていた。

「こんにちは」

高齢の女性患者が隣に座って声をかけてきた。

挨拶を返すと、それがスイッチだったかのように一方的に高齢女性から話を聞かされた。

ここはご飯がおいしくないとか一緒の部屋の患者のイビキがうるさくて眠れないといった、愚痴といっても病院あるあるみたいなもので、D病院が特別、他より悪いということではない。「はぁ」とか「へぇ」とか適当に聞き流していたら、ふいに「幽霊」と聞こえたので、「すいません、もう一度」と聞き直した。

「いやだからね、ここ幽霊が出るの」

そういう噂があるんですかと訊くと、いいや、自分の体験だという。


二日前の夜、「いたい、いたい」と聞こえてきて、うるさいので目が覚めてしまった。声は別の病室からで、あまりにうるさいので明日にでも文句を言ってやろうと、どの部屋かを確認するために杖を持って病室を出た。

声は向かいの病室からだった。

こんなに大声で喚かれては他の患者も眠れないだろう。どれどんな様子かと覗き込もうとすると、その病室から日焼けした坊主頭の男性がひょっこり顔を出し、「どうかしましたか?」と訊ねてきた。

「おたくの部屋の声がうるさくて眠れない」と返すと、男性は「ああ」と顧みて、この声は今日入院したばかりの患者で、バイク事故で怪我をした二十代くらいの男性だという。

誰が何で入院したかなんてどうでもいい。朝になってからでいいから、苦情があったことを本人でも看護師にでも伝えておいてくれと男性に言い残し、すっかり目が覚めてしまった彼女は煙草を吸いに喫煙スペースへ向かった。

翌朝になって回診に来た看護師に昨晩のことを伝えると「どの部屋です?」と訊かれた。これこれこういう患者がいる部屋だと伝えるが「うーん」という反応で微妙に伝わっていない。

理由はすぐにわかった。

向かいの病室に、バイク事故で怪我をした二十代男性の患者などいないのだ。

そういう怪我で運ばれてくる若者は時々いるが、少なくとも今はこのフロアの病室に該当する患者はいないという。

そんなはずはない。日焼けした坊主頭の男性患者に聞いたのだというと、そういう患者もいなかった。先生にもそのような外観の人はいないといわれた。

「あの晩、『いたい、いたい』って喚いてたのは、きっとあの時に話した日焼け坊主頭なのよ。ほんと病院ってイヤよねぇ」

だから、もし眠れなくても遅い時間は病室から出ないように、おとなしくしているのがいいわよと女性患者から忠告を受けた。

意外としっかりとした怪談だったので、これは見舞いに来た友だちへの良い土産話ができたぞとSさんは思わぬ収穫に喜んだ。


その日の深夜、Sさんは煙草が吸いたくなって喫煙スペースに向かった。

煙草を吸える部屋があるわけではなく、三階と二階の間、階段の折り返しの踊り場に灰皿と丸椅子が二脚あるだけである。車椅子は使えないので慣れない松葉づえで半歩、半歩、ゆっくり向かっている途中、女性患者の話を思い出した。通り過ぎる病室から、日焼けした坊主頭がひょっこり出てきやしないかと緊張していたところへ、笑い声が聞こえてきた。

喫煙所のある階段のほうからだ。少なくとも先客が二人はいるようだ。

どうしようかなとSさんは躊躇する。

会話をしているところに入っていくのはなんだか気まずい。話の腰を折ってしまいそうだし、変に気を使われて話しかけられるのも面倒だ。こっちは煙草を吸いたいだけなのだ。

仕方がないので先客が去るまで三階の踊り場で待つことにした。

五分ほど待った。煙草一本ならとっくに吸い終えているはずだが、話が盛り上がってしまったのだろう、立ち去る様子がまったくない。先ほどからずっと笑い声が絶えず、時々笑いすぎてヒィヒィと苦しそうだ。いまに看護師が怒鳴り込んでくるぞとヒヤヒヤしながら待った。

二十分くらい経っただろうか。

状況は先ほどとまったく変わらず、Sさんはイライラしていた。もうこれ以上待ってはいられないので、一本だけパパッと吸って戻ろうと杖を突きつき階段を下りていく。

階段の半ばまで下りたところで、手すり越しに丸椅子が見える。

あれ？

誰もいない。

それまで聞こえていた笑い声がピタッと聞こえなくなる。

喫煙スペースには人の姿どころか、煙草の煙のにおいもない。

そこに残されていたのは恐ろしいほどの静寂だけだった。

死霊の盆踊り

川崎区出来野《できの》の海沿いということだけで詳しい場所はわからない。

現在の大師橋方面の河川沿い、あるいは京浜港や川崎港側だろうか。

かつてそこには、松の大木がたくさん植えられていたという。

松並木の下には細い道があり、この道が多摩川へと繋がるあたりに無縁仏の埋葬地があった。

その場所には、付近の海岸に流れ着いた身元不明の遺体がたくさん埋められていたという。

この地では、そういう遺体は棺に入れられることなく、そのまま土の中に埋葬された。

そして、白い貝殻を粉々に砕いたものを埋めた箇所の上からかけて、それが無縁塚となった。

小雨の降る夏の晩。

無縁塚のあちこちから、青い火が燃えた。

付近に住む子どもたちはこわがって、昼間でも近寄らなかった。

お盆が近くなると、子どもたちはもっと怖がった。毎夜のように無縁仏がこの塚に集まって、盆踊りをするという噂が囁かれていたからだ。

その姿は見えないが、塚の方からお囃子の音が聞こえてきたといい、気味が悪くなった村人たちは相談しあってこの塚に供養柱を立てた。

そして年寄りたちは毎月、辻の地蔵堂で百万遍念仏をして供養した。大きな百個の玉に紐を通した巨大数珠を複数人で持ち、念仏を唱えながらその数珠を回すのである。

すると無縁塚のお囃子の音は聞こえなくなったという。

おいでおいで松

競馬といえば赤鉛筆を耳に挟んだ中年男が集まって賭け事に興じる、どこか後ろ暗いことをしているような印象を私は持ち続けていたのだが、今はＣＭに若手人気俳優を起用し、若人たちが推し馬・推し騎手の応援に駆け付ける、そんな明るく健全なイメージの場になっているようだ。

川崎競馬場。ここでも馬場の一部を開放、遊具設置、無料イベントの開催といった、市民が競馬を身近に感じられるような取り組みをしており、その甲斐あってか、コロナ禍の前は年間入場者数二百万人と地方競馬では大井競馬場に次ぐ活況を誇っていた。

この場所がかつて、東洋一を誇る規模の紡績工場だったことはあまり知られていない。

富士瓦斯紡績《ふじがすぼうせき》川崎工場は、大正四年に操業を開始。男性三百人、女性約二千人、大正十年には五千人以上もの従業員を抱える大工場であった。

同工場はおもに他府県から戦力を集め、その多くは十代の女性、とくに沖縄出身者が多かった。機械は二十四時間止まらず、昼夜交代制の十二時間勤務。故郷の家族が危篤でも帰郷を許されず、休日にも外出を許されぬなど当時の労働環境は劣悪と言わざるを得ず、女工たちは日々疲れており、作業中にうたた寝をして機械に巻き込まれる事故もよくあったようだ。そういった環境が多くの悲劇と騒動を生んでいったのである。

関東大震災では同工場敷地内の煉瓦《れんが》造りの十九棟が倒壊、多数の死傷者が出た。とくに寄宿舎七棟の全壊は悲惨な結果を生む。ここには深夜作業に備えて就寝中だった女工たちがいた。この震災で川崎工場では百五十名以上の女工が亡くなっている。防火の為に煉瓦造りの建物であったことが災いし、ほとんどが圧死であった。

この工場の名を全国的に知らしめたのは《煙突男騒動》だろう。

一九三〇年の世界恐慌時、同工場は大規模数の労働者に解雇や賃金引下げを通告した。これに反対し労働組合が争議団を結成、工場側と争議になっていた最中の同年十一月十六日。富士瓦斯紡績川崎工場の煙突に、一人の男性がよじのぼり、抗議・演説を繰り返した。

この「煙突男」は各新聞でも報じられ、現場にはたくさんの報道陣と野次馬が集まった。

騒動から二年後、煙突男は行方不明となり、昭和八年二月十四日の午前六時半、横浜の山下公園の堀から遺体となって発見される。死後五十日ほどで他殺説もあったという。

多くの悲しみと騒動の舞台となった工場敷地内には、《朝鮮池》と呼ばれる、たくさん魚のいる大きな池があった。

その池のほとりに一本の松が生えており、《おいでおいで松》と呼ばれて人々から怖がられていたという。

夜、朝鮮池のほとりを通ると池の中から「おいで、おいで」と呼ぶ声がし、風もないのに松の枝が揺れて「おいで、おいで」と招いたといわれている。

また、この池にひとりで魚を獲りにいくと、この松に「おいで、おいで」と招き寄せられて、まるで夢遊病のように池にはまって死ぬのだという。

これは、朝鮮池に身を投じた女工が呼んでいるのだと恐れられていた。その女工は男に騙され、妊娠していたという話もあるが、理由は定かではない。彼女に誘われて池に身を投じた女工たちは、解雇通告をされて絶望したか、賃金に見合わぬ厳しい労働に耐えられなかったか、あるいは遠い故郷に思いを馳せて切なくなったか、そんな心の隙をつかれて誘われてしまったのだろう。

当時の記事を調べる中で、たまたま同工場の社員募集の記事を見つけた。

私はぞっとした。

昭和九年十一月発行『東京朝日新聞』に掲載されたもので、凶作により貧困に喘ぐ若い女性たちに同社が救済の手を差し伸べるため、女性従業員を東北六県から三百名募集するという内容であった。その記事の見出しには大きくこう書かれていた。

娘さんおいで

沈む人影

横浜の鶴見川河口から川崎の多摩川河口までを通る連絡水路である京浜運河。毎年五月二十五日の午前一時ごろ、ここで目撃されているものがあった。京浜工業地帯の埋立地を通る浅野運河。その岸から、三、四人の人影が現れて運河の中ほどに沈むのだという。

運河を航行する船の船頭の方たちがよくこれを目撃しており、その正体についてこのような話をしている。

昭和二十年、川崎は十数回に及ぶ空襲を受け、甚大な被害をもたらされた。運河で毎年目撃されている人影は、すべてを焼きつくさんとする業火に追いつめられ、身を焦がす熱さから逃れようと必死に水に飛び込んだ人たちの残像なのではないかと。

川崎区

オールナイト

かつて映画館は一番館と二番館、そして三番館というのがあった。全国一斉封切りの新作を掛ける小屋が一番館。続いて公開から暫《しばら》くたってからが二番館、三番館となる。そして二番館は二本立て、三番館では三本立てで興業をするのが一般で、なかには四本立て五本立てなんていう猛者の小屋もあった。勿論、料金は一度だけ払えば、いつまで居ても良いのである。

川崎区は圧倒的にブルーカラーの労働者の街だったので映画館も多かった。いまのチネチッタはミス興業という名称で、蒲田にも系列の映画館を持っていた。元々は有楽町辺りからやってきたらしい。そしてこれら映画館最大の魅力はオールナイトだった。

今では珍しくなってしまったが、かつては映画館と云えばオールナイトであり、どこの繁華街でも必ず週末、特に金・土日は混んでいたし、終電をなくした人々が躯《からだ》を休める恰好の場所でもあった。暗い映画館のなかで好きな映画を眺めながらウトウトするのは、炬燵《こたつ》でぬくぬくと眠るのに近い陶酔があった。

が、問題は館の質によってはスリが出ることだった。どうやら奴らは寝入っている獲物を席の一番後ろから物色し、狙いを定めると近くに行ってポケットや傍らのカバンから財布を盗む。これは結構、頻発した。館でも注意書きが貼られてはいたが、もともと運営は最小限なので手が回らないのである。

なかでも川崎Kという映画館は強烈だった。ここは所謂《いわゆる》、混種系四番館で、ポルノでも一般映画でも区別なく週によって掛けまくった。スピルバーグの『激突』なんかも掛かっていたのである。

川崎Kは駅前から歩いて十五分ほどの所にあった。小さなタイルが貼られた丸窓の入り口で、薄いペラペラのチケットを買って中に入るのだ。館内は鰻の寝床のような広さで煙草の煙がもうもうと立ちこめていた。

今から四十年も前は、映画館は所謂『悪所』の香りが残っていた。ポルノを掛けるというのもそうなのだが、何か大人しか見てはいけないものを覗きに行っている感があり、故に中学生高校生にとってはワクワクした場所になっていた。

Uが映画館に通い出したのも中学三年も終わろうという頃だった。始めは『エマニエル夫人』が見たかったからだ。

川崎Ｋでは体格があって堂々としていれば、滅多に未成年でも断らなかった。ソフトポルノとはいえビデオもない時代、Ｕは興奮しまた感激した。そして何度も通い、そのうちに一般映画よりもポルノ専門に出かけるようになった。そんな折、スリとは別のサスリがいるという噂を聞いた。サスリとは隣の席に座ってきて太腿をさする。つまり男専門の痴漢である。サスリが出たら怖いな。Ｕはビビっていた。中学生ではサスられたら、ひとたまりもないと感じていた。どうやって断っていいのかもわからないし、サスリによって変な影響が自身に起きたらと思うと、それのほうがむしろ恐ろしかった。

ある時、Ｕは映写室が見てみたくなった。常より気にはなっていたのだが、その日は客もまばらで、上映中に客席を出ると二階に上がってみた。二階には、関係者以外立ち入り禁止と貼ってあるドアがあり、そっと開けて見た。

驚いたことに中に人はおらず、ただ巨大な映写機がスクリーンに向かって硝子窓から投光しているだけだった。何か秘密の部分を知ってしまったという感激に、Ｕは恐る恐る一歩二歩と中に入った。硝子窓の向こうには、自分が見ていた映画がスクリーン一杯に映し出されている。しかし、それを最初に透過しているのは小さな硝子の窓なのが不思議だった。

冬だというのに室内は機械の放つ熱で温かかった。と、そこで外から人の咳き込む音がして、我に返ったUは部屋の隅の窪みに飛び込んだ。何かを踏み付けたがそれどころではなかった。ドアが開くと、くたびれた男が入ってきて映写機に別のフィルムを掛け替えた。そして場内の様子を眺め、満足そうに頷くとまた出て行った。

リールを交換したんだとUは思った。男が出るとUも逃げ出すことにした。こんなところを見つかって出禁になったら困る。その時、Uは足下に白い物が散らばっているのに気づいた。それは塩を盛ったお皿と小さな紙片だった。家の模型のようなものもあった。しまったと後悔したが直している時間はなかった。Uはそのまま部屋を出ると客席に戻ることなく川崎Kを後にした。

その週末、Uはオールナイトを見るため、友だちの家に泊まりに行くと云って川崎Kに出かけた。しかし前日まで試験で寝不足だったUは何度も寝ては覚め、寝ては覚めをくりかえした。と、違和感を感じて目が覚めた。見ると太腿に手が載っていた。

無精髭の老人がジッとUの肩に頭を載せていた。

『むぐっ』と声にならない悲鳴を上げると老人は、むっふふふと含み笑いをして立ち上がり、隅の暗がりへと消えていった。

サスリだ！　Uは震えた。見回すと館内にはほとんど人がいなかった。きっと終電前に帰ってしまったのだろう。Uは緊張した。帰りたくても今更、家に戻るのは不審がられる。寝てはいけないと思った……思ったが、思えば思うほど睡魔は襲ってきた。

こうなったら戦うしかない。半分眠った頭でUは決意した。スクリーンに映っている女優の顔が何度も何度もぼんやりし、暖房の効いた映画館の椅子は躯を包み込むようにぬくやかだった。

寝ちゃダメだ……寝ちゃダメだ……嗚呼、寝ちゃダメだってのに……。

Uは寝てしまった。


ギュッと握られた。その痛みでUはハッと目覚めた。映画はまだ続いていたが、不思議なほど館内は冷えていた。先程までのぬくやかな感じは跡形もなく、ズンッとした底冷えが足下からまつわりついてくるようだった。

そして痛みに目をやると、太い、ごつごつした手がUの太腿の間に差し込まれていた。それは先程のようなサスる感じではなく、何か危ない怖さを感じさせる触り方だった。

「びっくりして立ち上がろうとしたんだけどよ」

Uは動けなかった。動かなかったのではない、動けなかったのだ。首さえも固まってしまい、横を向くこともできない。

その間も太腿に差し込まれた手は内股を抓《つね》るように握ってくる。

……やめろよ！　やめろよ！

Uは怒鳴りつけたかった。が、それ以上に恐ろしかった。

相手は黒と赤のギンガムチェックのフェルト地の上着を着ていた。視界にはその袖だけが見えた。

……やめてよ……やめてよ……。

とうとう、そんな呟きが漏れた時、相手がUの股間をギュッと握りしめた。

その途端に呪縛が解け、躯が動いた。Uは相手の躯を押し退けるように払うと『やめろ！』と怒鳴るつもりだった。が、できなかった。

――怒鳴った相手には首がなかった。

「こうスッパリ……何にもないんだ」

Uはそう云って顎の下を手で線を引くようにした。

ざっくりと切り株のようになった部分から、神経や血管かもしれない管と血を流したモノが自分を必死に掴んでいた。

Uは全身を笛にして絶叫した。

途端に映画が止まり、館内に照明が点いた。『おい！　大丈夫か！』と揺すられた時、Uは館内には自分以外に客は残っていないのを確認した。

「それから事務所で休ませてもらってたんだけど。そう。映写も担当している社員さんと俺だけだったんだ。映画館にいたのは」

社員さんが昔、この館の近くは刑場があったと教えてくれた。

「この建物を作る時にも事故があってね……それからちょくちょく変なことが起きるから。一応、お祓いと映写室には御守りを作ってはいるんだけど……場所が場所だけに効果があったり……なかったりなんだよねえ……」

Uは先日、自分が蹴飛ばして壊してしまったことを思い出した。

だからといって、それからも川崎K通いを止めることはなかった。

猫もんじゃ

Kは狂っていた。たぶん狂っていた。

「バイクでよ。いるな！　っと思ったら手前でライトを消して、そのまま突っ込んでパッとライトをまた点けて、真っ正面からぎゅーって踏ンじまうん」

奴は生暖かくなった焼酎の入ったグラスを掴むとその中身を口の中に放り込み、ふーっと太い息を吐く。

Kが遊び半分で猫を轢くようになったのは半年ほど前からだったと奴は云った。

大田区から横浜へと伸びる首都高速の真下を片側四車線の幹線道路がある。産業道路と呼ばれていた。そこは真っ暗になる頃までいつまでも交通量の多い道路で事故が頻発した。しかも死亡事故などの重傷事故が多い。子供は【おべった道路】とも呼んだ。【おべった】というのは所謂、【もんじゃ焼き】のことで、形状がべたべたしているので川崎キッズは素直に【おべった】と呼んでいた。

つまり、おべったとはトラックなどに【轢かれた人獣】の跡を云うのだ。

普段は自動車の部品工場に勤めているKは生白く、躯はぶよぶよとしていてパチンコ狂いのヘビースモーカーだった。三日に一度しか磨かないという歯は黒く変色し、何時も何か喰い滓が付着していた。「他の二日はどうやって歯を磨くんだ」と訊いたことがあった。奴はグラスを含むと口の中で、くちゃくちゃとうがいをし、そのまま呑み込んだ。

「アルコール消毒だ。ぶふふふ」

Kには彼女がいなかった。奴は酒が深まってくると【なぜ、俺には女がいないんだ】と泣き、他の客に絡み、タダ酒をねだった。ほんとうに女ができなかった。


「今日もやってきた」機嫌が良いとKは必ず猫を轢いてきていた。

奴によると猫はライトをパッと当てると固まってしまうのだという。そして固まらない猫は逃げるのだが、そこにも罠がひとつある。

「追うんじゃなくて、尻を狙うんだ」

Kはまずは頭を狙ってアクセルをふかすのだが、猫が逃げようとするとバイクの矛先を尻に向ける。

なぜなら我に返った猫は【引き返す】からなのだという。

「で、くるっと回ったところをデーンッ！　つって殺《や》っちまうわけ、けけけ」

奴は交通量の多い産業道路のひとつ先を入った路地の平屋の小屋のような住宅に住んでいた。周囲には廃品買い取りの工場や廃車工場があるばかりの埃と油にまみれた地域だ。

一度、夜中に居酒屋を出たところでKが血まみれになっているのに出くわした。なにが、あったんだと尋ねると「いきなり殴られた」と洟を垂らしてベソをかいた。どうやら居合わせた客のなかに愛猫家がいたらしく、そいつにこっぴどくやられたのだという。「人の方が上じゃねえかよ」とKは叫び、「女が欲しい！　女が欲しい！」と月に向かって吠えた。しかし、彼女はできなかった。

それから暫くした頃、他の店でしたたかに呑んだおれは家まで酔い覚ましに歩いていた。するとと後ろからバイクの音がしてクラクションがけたたましく鳴った。舌打ちしながら道を空けるとバイクが横付けされた——Kだった。酔ってるんだろ？　乗れと云った。気は進まなかったが歩くのにも飽きていたおれはニケツすることにした。

五分ほどしたが、まだ着かない。妙だなと思って見ると変な所を走っていた。

「なにやってんだよ。何処だよ、ここは?」

Kは含み笑いをしていた。

そして「ほら、そこ」と指をさす。なにか道路に汚れた黒い染みがある。

「なんだよ」

「俺が轢いた跡だよ」

「そんなもん見たくねえよ」

「いいからいいから」

Kは自慢気に見せて回った。大師裏から産業道路に出た。

猫の気の毒な跡は点々と続いていた。全部で二十ヵ所はあったろうか……。

Kは唐突にバイクを止めた。おれの家じゃなかった。

「どうしたんだよ」

「これ? おれん家《ち》」Kが倒れそうな平屋に顎をしゃくった。丸ハンガーに軍手とブリーフが掛けたままになっている。

「わかるか?」

「なにが?」

「あれさ」

Kはすぐ傍らの産業道路を指差した。

「なんのことだ」

「ヤツらよ。おれがどんどん轢いて回ったろ？　そしたら家を見付けやがったみたい。ずっと跡が最初に潰したヤツから続いて、ここまで来てんの。すげぇよなあ。猫って執念深いのな？」

振り返ると確かに産業道路へと続く道にひとつ、そして家の手前にもひとつある。

「もう止せってことだろ」

おれは急になんだか気味が悪くなり、バイクを降りるとタクシーを拾った。

「今度、おごれよな！　送ってやったんだから！」

Kが叫ぶのを聞いたのが最後だった。


半月ほど馴染みの居酒屋には顔を出さなかった。暫くして店に入ると店主がジロリと睨むようにして「あいつ死んだよ」と云った。Kだった。

「どうして？」

「トラックが暴走してあいつの家に突っ込んだんだ。夜勤明けで寝てたあいつはぺっちゃんこさ」

店主は〈嗚呼、イヤだイヤだ〉と口の中で、もごもご云って厨房に消えた。

Kの焼酎ボトルは暫く置いてあったが、誰かがそのうちに呑んでしまい捨てられた。

川崎区

堕落の部屋

二〇一二年五月四日、東京深川のある民家で私たちは百物語をした。『男たちの怪談百物語』（メディアファクトリー）の刊行に向けられた企画で、男だけで十名が集まって九十九話の怪談を紡いでいくという暑苦しい怪談会である。本当に夏でなくてよかった。

この場で語られた怪談はすべて朝宮運河氏によって書き起こされているが、今読むと自分の反省点しか見えてこない。もっとうまい言い回しがあったはずだし、構成もめちゃくちゃだし、けっこう大事な部分も抜けていて話したかったことが半分も話せていなかった等々、喋りの下手さが露呈されて大変恥ずかしいのだが、他に参加された方たちは見事な語りを披露しているので機会があればぜひ読んでいただきたい。

この会で私の語った中に、ちょうど川崎が舞台の怪談がある。

数少ない私自身が目撃している話なので、この機会に語りなおしたい。

私が作家デビューする直前まで働いていた職場での話だ。正確には、職場に隣接する二階建てのアパートが舞台である。場所は京浜急行線と南武線の交錯するところから近い川崎区の北西部としておく。

このアパートは私の勤めていた工場の社員が住むために建てられたもので、とくに夜勤に入っている人が利用していたらしい。だが私が入社したころは利用している社員は二人だけで、他の部屋は単身の高齢者や出稼ぎ労働者が短期で借りていた。

この二階にある一室が〝問題〟の部屋だった。

私が入社して間もなく、その部屋に北海道から出稼ぎに来た若い兄弟が住んだ。とても礼儀正しく、真面目な印象のある好青年たちで、アパートに独居老人が増えることへ不安を抱いていたオーナーは彼らの入居を大変喜び、歓迎した。

だが、その喜びも束の間――兄が突然、失踪した。

兄弟間のトラブルがあったようだ。

残された弟は、どこで知り合ったのか祖母と孫くらい年の離れた女性を連れ込み、一緒に暮らしだした。女性が連れてきたのか、薄汚れた小型犬も同じころに飼いだした。よく会社前の道路で女性が犬と遊んでおり、車の出入りの邪魔だった。女性は社交性の欠片もなく、挨拶をしても無言でにらみ返された。

やがて、家賃が滞り出す。弟は兄が消えた後も同じ土木関係の仕事をしていたが、女性と住むようになってから家にいる姿をよく見たので仕事にもあまり行っていないようだった。勤め先にかなりの借金もしていたと後から知った。

同居女性は金遣いが荒いようで、ブランドもののバッグや派手な服で自分を着飾っていた。出前も頻繁にとっており、よく空の寿司桶が部屋の前に置かれていた。兄弟で住んでいた頃はそんなもの一度も見たことがなかった。

そんなに羽振りがいいならとオーナーが家賃の催促に行くと、「ないものは払えない」の一点張り。意味がわからない。そのうち土木の仕事先の人も借金返済を求めて訪問するようになったが、息を止めているように居留守を使い、ほとぼりが冷めたころに出てきて道路で汚い犬と遊びだす。

退去してもらう他ないとオーナーが決めたころだった。

珍しく、カップル揃ってオーナーの事務所にやってきた。

家賃の支払いについての相談ではない。

部屋に幽霊が出るという苦情であった。

言いがかりもここまで来ると面白い。オーナーはどんな幽霊を見たのかと詳しく訊ねた。

二人は口を揃えて、灰色の帽子をかぶった男だと答えた。

そんなものが夜な夜な枕元に立ち、自分たちを指さすのだと。

オーナーは黙り込んでしまった。

それを優位に立ったと勘違いしたのだろう。二人はすかさず脅しをかけてきた。

「幽霊の出る部屋を人に貸しておいて家賃をとるつもりか」

「迷惑料としてタダでここに住まわせろ」

めちゃくちゃな言い分である。入居当初の好青年は一体どこへ行ってしまったのか。

オーナーもとうとう頭にきて、彼の勤め先の社長と話し合い、借金をまるまる、回収のプロに託したという。その後、どんな圧力があったのか二人はすぐに部屋を出ていき、しばらく会社の前で車中泊をしている姿を見かけたが、それもすぐに見なくなった。

次にその部屋に入居したのは、沖縄から来た塗装業で働く兄弟だった。

二人とものんびりとした喋り方で、ずっとニコニコしていた。その人懐こい雰囲気が近隣の住人たちに親しまれていたのだが――。

そんな彼らの様子もおかしくなっていった。

ある晩、喧嘩をはじめたのだが、それは兄弟喧嘩のレベルを超えていた。

窓を割り、消火器をまき散らし、兄弟が逃げ込んだと思い込んで別の部屋のドアを叩いたり蹴ったりした。すぐに警察を呼ばれた。


数日後、顔面を絆創膏だらけにした兄弟が、頭《こうべ》を垂れながらオーナーの事務所を訪ねてきた。警察沙汰を起こしたことへの謝罪かと思いきや、

「社長さーん、あの部屋ぁ、窓んところに知らない人が立つんです」

「ベランダと玄関の窓ね、いつも何かいるんです。気味が悪いんで何とかしてよー」

さすがに家賃をただにしろとは言ってこなかったが、この数日後に沖縄の兄弟も荷物をすべて置きざりにして消えてしまった。

「あの部屋にはダメなやつしか入らないんじゃないか?」

「ああ。部屋がダメな人間を選んで誘い込んでるんだ」

職場の先輩たちはみんなそう言っていた。それを聞いて私はウーンと唸った。

北海道の兄弟も沖縄の兄弟も、入居当初はそんな人間には見えなかった。性格を演じることなんて詐欺師でもなければできないと思うし、お酒が豹変させたなら酔いから醒めれば元に戻るはずだ。でも二兄弟は、ある時からどんどん変になっていった。

彼らが急におかしくなった〝なにか〟があったとしか思えない。

どちらも「部屋に幽霊が出た」という苦情を言いに来た。

そんな偶然ってあるものだろうか。


次の入居者は、同じ工場に勤めるAさんだった。

とても寡黙な方で、働く現場が違うこともあって私はほとんど喋ったことがなかった。仕事で話す必要があっても、用件だけぽつりぽつりと伝えてくるだけで目も合わせてこない。

他の社員もAさんと会話らしい会話をしたことがないという人がほとんどだった。

Aさんはお酒も煙草もやらない、ギャンブルもしない。唯一の趣味が（たぶん）野良猫に自分の昼食のパンをちぎってあげることだ。

真面目が過ぎて、はたから見ていると人生楽しいのかなと心配になる。

休憩時間はいつも外の植木の前に座り込んで、自分のあげたパンをもすもすと食べる猫を、目を細めながら見つめていた。そんな姿をたまに見ていたので、この人ならあの部屋に住んでも大丈夫な気がした。こんな聖人みたいな人までダメ人間になったら、あの部屋は本当にヤバい力の働く場所だって証明になってしまう。


「にいちゃん、一口やるか？」

ある日の休憩時間、先輩方に手招きされた。なにかと思ったらギャンブルの話だ。競馬とかロトくじとか先輩たちは毎日何かしらの賭け事に興じていた。一口がいくらとか、何をどうやっていくら賭けるのかとか、賭け事全般がわからない私は断った。

すると私が抜けた箇所にグイッと首を突っ込んできた人がいた。Aさんだった。

「一口乗らせてくれよ」

その場にいたみんながポカンとなった。Aさんらしからぬ言動だった。

普段は目も合わせてくれないような人である。

この時、Aさんがあの部屋に入居してから一ヵ月が経っていた。

このくらいからだった。Aさんが、箍《たが》が外れたように遊びだしたのは。

近所の高架沿いにあるスナックやパブにAさんが毎晩出没し、大盤振る舞いしているとの噂が耳に飛び込んできた。ギャンブルに信じられないような額を投じているという噂もあった。それまで遊ばずに貯めこんだお金を湯水のごとく消費しているのだ。

珍しく仕事に遅れてきたかと思ったら酒臭いこともあった。かなり無茶な飲み方をしているらしく、心配したスナックのママが社長に相談に来るほどだった。

これまでの入居者と同じだ。

あの部屋に住んだら、どんなに真面目な人でも享楽に溺れて身を持ち崩していくのだ。ダメになってしまうのだ。

急に遊びを覚えたAさんは、寝る時間も惜しんで飲み歩いていた。だから身体がもたなかったのだろう。ある日、アパート附近の踏切の前でパッタリと倒れ、そのまま息を引き取った。脳溢血《のういっけつ》だった。

「俺はあいつが死ぬって薄々感じてはいたけどな」

Aさんが亡くなる前、先輩はこんな言葉を聞いていたらしい。

「ここ二、三日、兄貴が夢に出てくるんだ」

Aさんの兄は、もともと同じ工場に勤めていた。私が入社する前のことだ。

弟と正反対な放蕩者で、ギャンブルならばなんでも手を出し、給料はもらった日に夜の町で消える。当然、借金まみれだが、そんなことはまったく意に介さず、それどころか金を返さずに死んで逃げ切ることが自分の目標なのだと嘯《うそぶ》いていたそうだ。数年前、本当にそうなってしまったのだが。

Aさんの兄は、あの部屋の住人だった。

そして、あの部屋で亡くなっている。


Aさんの兄は原料を攪拌《かくはん》する機械を担当していたが、誤って熱いコールタールを浴びてしまったことがあった。小さな柄杓《ひしゃく》一杯分程度だが、一生残る火傷ができるのには十分の量だった。火傷痕を隠すためか、いつも工場支給の作業帽を目深にかぶっていたそうだ。

では入居者たちの怯えていた幽霊とはAさんの兄だったのだろうか。

彼は死後もあの部屋に留まり、入居者の身体を使って遊びまわっていたのか。

そのアパートも今は取り壊され、立派なマンションが建っている。
灰色の帽子をかぶった放蕩者は、もう目撃されていないだろうか。

参考文献

『川崎地名辞典』日本地名研究所編（川崎市）／『東京内湾漁撈習俗調査報告書』神奈川県教育委員会／『川崎市史　別編（民俗）』（川崎市）

『民俗』第五十六号「川崎北部民俗聞書」角田益信／第七十五号「川崎市登戸のサイノ神」角田益信／第十八号「ウチイナリ其他」鎌田久子／第二十二号「三隣亡のこと」小島瓔礼／第九号「宮内の祭祀組織――川崎――」小島瓔禮／第三十七号「万垢離と雨乞い」石塚鬼之一／第四十二号石塚兎之一「喜多見の槍かつぎ他」（国書刊行会）

『西郊民俗』第七十四号「トオカミということ」中島恵子（西郊民俗談話会）／『民間伝承』通巻百二十・百二十一号「ミカリバアサンの日」石井進／第十三巻・第九号「庚申山など」石井進（国書刊行会）

『旅と伝説』通巻七十九号「神奈川県三浦郡横須賀附近」渋谷幸夫（岩崎美術社）

『川崎研究』第二巻第一号「そのころの思い出」福島亀吉／第五号「座談会　川崎の思い出を語る（その一）」／第六号「矢口の渡しにまつわる伝説――新田義興と渡し場守頓兵衛――」藤岡伸夫／第八号「久松義民地蔵尊由来記後聞」青木幸三郎／第十五号「久松義民地蔵事件のなぞをとく」長岡忠昭（川崎郷土研究会）／『川崎研究――大川崎発展のあと――』第一集「久松の義民伝」細川慶二（川崎郷

土研究会)
『南島研究』五十号「宮古島のわらべうた」岡本恵昭　南島研究会編(南島研究会)/『川崎市関係史料集』第1集・第2・第7集　川崎市立中原図書館編/『緑ケ丘霊園南横穴墓群発掘調査報告書』高津図書館友の会郷土史研究部編/『閑話雑記』川崎市編/『川崎空襲・戦災の記録　空襲・被災体験記録編』川崎市/『神奈川の民話と伝説』萩坂昇(有峰書店)/『神奈川の民俗』相模民俗学会編(有隣堂)/『神奈川ふるさと風土図』川崎編・横浜編　萩坂昇(有峰書店新社)/『川崎の民俗』角田益信/『川崎の民俗:水と共同体〈村の水〉』川崎市市民ミュージアム編/『川崎史話』中巻　小塚光治(多摩史談会)/『わが町の歴史・川崎』村上直[ほか](文一総合出版)/『東海道川崎宿』三輪修三(八雲書房)/『川崎の民話と伝説』萩坂昇(多摩川新聞社)/『神奈川県の民話と伝説』萩坂昇(有峰書店)/『かわさきのむかし話　復刻版』萩坂昇(北野書店)/『かわさきのむかし話　神奈川の民話(1)改訂版』萩坂昇(むさしの児童文化の会)/『伝説さん　お達者で』土方恵治(栄光出版社)/『多摩の流れにときを紡ぐ:近代かわさきの女たち』川崎市中小企業婦人会館、川崎女性史編さん委員会(ぎょうせい)/『多摩の流れにときを紡ぐ:近代かわさきの女たち』別冊聞書き集　川崎市中小企業婦人会館、川崎女性史編さん委員会編著(ぎょうせい)/『かわさき散歩　花と歴史をたづねて』藤田親昌編(川崎市総合文化団体連絡会)/『潮音史伝:石観音の由来を探る』古江亮仁(多摩川新聞社)/『川崎誌考』山田蔵太郎(国書刊行会)/『川崎物語集』巻一~巻六　川崎市市民ミュージアム編/『川崎の世間話』「川崎の世間話」調査団編(川崎市市民ミュージアム)/『川崎大師平間寺近現代史』(大本山川崎大師平間寺)/『大師河原の民俗』大師河原民俗文化財緊急調査団(川崎市教育委員会)/

『小倉の民俗：用水に導かれた穀倉地帯』川崎市民俗文化財緊急調査団編（川崎市教育委員会社会教育部文化課）／『山口の民俗―川崎市麻生区上麻生（山口地区）―』山口民俗文化財調査団／『麻生区の神社と寺院：川崎市麻生区社寺調査報告書』川崎市博物館資料収集委員会／『川崎 新中原誌』小川一朗編（有隣堂）／『中原街道：小杉から久末までをたずねて』川崎市立稲田図書館／『高校生が追う陸軍登戸研究所』長野・赤穂高校平和ゼミナール、神奈川・法政二高平和研究会（教育史料出版会）／『私の街から戦争が見えた：謀略秘密基地登戸研究所の謎を追う』川崎市中原平和教育学級編（教育史料出版会）／『謀略戦：ドキュメント陸軍登戸研究所』斎藤充功（時事通信社）／『陸軍登戸研究所の真実』伴繁雄（芙蓉書房出版）／『陸軍登戸研究所：隠蔽された謀略秘密兵器開発』海野福寿・山田朗・渡辺賢二編（青木書店）／『ひみつにされた登戸研究所ってどんなとこ？』登戸研究所保存の会編／『怪奇ミステリー現象：恐怖と不可思議の世界』佐藤有文（ロングセラーズ）／『都市妖怪物語：現代の不思議と恐怖』室生忠（三一書房）／『男たちの怪談百物語』東雅夫監修（メディアファクトリー）／『明治大正昭和大絵巻』（大日本雄弁会講談社）／『日本の幽霊』池田弥三郎（中央公論社）／『日本随筆大成』第一期　日本随筆大成編輯部編（吉川弘文館）／『サンデー毎日』昭和四十二年二月二十六日号（毎日新聞出版）／『不思議な雑誌』二十八号（相互日本文芸社）／『週刊読売』「宿直室にアベック幽霊出没⁉」昭和五十七年六月六日（読売新聞社）／『稲川淳二の怪怨夜話』（リバプール）／大島健彦「オカマ憑けとキツネ踊り――民間シャマニズムの一面――」／民家園のつどい「生活の伝承」第十八号／川崎市「かわさき区の宝物シート」八―三
『朝日新聞』昭和三十八年六月二日・朝刊

『東京朝日新聞』大正十五年・昭和元年三月三十一日・朝刊／大正十五年・昭和元年五月十七日・朝刊／昭和二年十二月六日・夕刊／昭和四年七月二十九日・朝刊／昭和五年二月六日・朝刊／昭和七年十二月二十五日・夕刊／昭和八年十月二十九日・夕刊／昭和九年七月四日・夕刊／昭和九年十一月二十一日・夕刊／昭和十年五月四日・朝刊／昭和十年九月三日・夕刊／昭和十一年七月十九日・夕刊
『読売新聞』明治九年六月十四日・朝刊／昭和九年五月十四日／昭和八年二月十五日・夕刊／昭和十年十二月二十一日／昭和十一年一月二十四日／昭和十一年二月十六日／昭和四十八年十二月二十一日・夕刊／昭和四十九年十一月七日・夕刊／昭和四十九年十一月八日・朝刊／昭和五十六年三月十七日・夕刊／昭和六十年五月三十一日・十四版／平成七年八月二十七日・十四版
「中原消防署のあゆみ」川崎市ホームページ
「多摩川の砂利採掘」稲城市ホームページ
川崎市大山街道ふるさと館「大山道歴史ウォッチングガイド」
《関東大震災で犠牲になった沖縄の女性たち　災厄は弱者にしわ寄せ》47ニュース
https://news.infoseek.co.jp/article/47news_kd-47reporters-20200831124102/
「亀山市史」http://kameyamarekihaku.jp/sisi/index.html
※国立国会図書館「朝日新聞クロスサーチ・フォーライブラリー」「読売新聞ミヨダス歴史館」からも参考にさせていただきました。

川崎怪談

2022年11月4日　初版第1刷発行

著者…………………………………………………………………………………… 黒 史郎

デザイン・DTP ………………………………………… 荻窪裕司(design clopper)

企画・編集 ………………………………………………………………… Studio DARA

発行人………………………………………………………………………… 後藤明信

発行所…………………………………………………………………… 株式会社 竹書房

〒102-0075　東京都千代田区三番町８－１　三番町東急ビル６F

email：info@takeshobo.co.jp

http：//www.takeshobo.co.jp

印刷所……………………………………………………………… 中央精版印刷株式会社
